1時間で10品

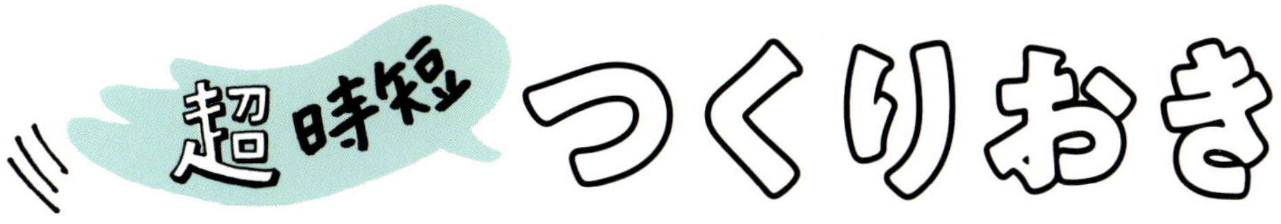

大西綾美

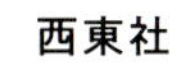

INTRODUCTION

「時短ワザ満載のおいしい、うれしいレシピ本」できました。

この本を手にとっていただき、ありがとうございます。

料理家で管理栄養士の大西綾美と申します。

病院、保育園での給食作りの約10年のキャリアを経て、2018年より、生まれ故郷の山口県で少人数制の料理教室「Cherie cooking salon（シェリー クッキング サロン）」をオープンしました。月に20回ほど行うレッスンはおかげさまでどれも大盛況。県の内外から数百人の生徒さんに通っていただき、今では「予約のとれない料理教室」と呼ばれるようになりました。

レッスンでは「1時間でごちそうごはん」をテーマに、料理初心者でも、とにかくカンタンでおいしく作れる料理を紹介しています。おせちやハロウィンなどの行事料理をはじめ、人気のスイーツなどさまざまなレッスンがありますが、とりわけ最近人気なのが、この本で紹介する「1時間で10品つくりおき」です。

その名の通り、1時間で10品もの料理を作ります。え、そんなのできるの!?　料理が得意だからでは!?　と思うかもしれませんが、私の時短ワザを使えば、だれでもカンタンに作れます。

秘密はレンジやオーブンをフル活用すること。まず、同時に2品、ほったらかしで作ります。その間にフライパンひとつでチャチャッと作ったり、材料を混ぜるだけであえもの、サラダを作ったり。おまけにご飯ものとデザートまで作って、ずらり全10品が勢ぞろい。

「これだけあれば、毎日料理を作らなくてすむからラクチン」「弁当やおつまみにもぴったり」などのうれしい声もたくさんいただいています。

とはいえ、10品全部を作る必要はまったくありません。この本のレシピなら、帰って15分もあれば3品が余裕で作れます。また、月に2～3回だけ10品作れば、ひと月分のお弁当のおかずに困らない、なんて使い方も。使い方はあなた次第です。

この本が、あなたの毎日の料理作りの力強い味方になってくれますように。

1時間で10品 この本は

メインからデザートまで飽きない10品

夕食はもちろんのこと、お弁当や朝食、
おつまみやおやつにも大活躍な１０品です。

ほっとくメイン

ほっとくサブ

お助けめし

焼くだけメイン

混ぜるだけサブ

らくちんデザート

こんなに便利！

通常の1/3の時間でできる

１０品もの料理が、
たったの１時間でできちゃいます。

月４，５回作ればＯＫ

休日ごとに１０品作れば、毎日夕食を作らなくてもＯＫ！
お弁当作りにも役立ちます。

帰ってから15分で３品以上

すべて時短メニューなので、
帰ってからでも
15分あれば３品以上作ることもできます。

1時間で10品 作れる

下ごしらえを全部先にする

この本では…

先にしておくべき
下ごしらえの部分を
わかりやすく
しめしています。

材料をすべてそろえたら、まずは一気に
下処理＆切る＆調味料の準備。ここまでで
20分以内に終えてしまえば、勝ったようなもの。

ほおっておけばできるレシピを取り入れる

この本では…

PART1のレシピが
該当します。
メインとサブが同時に
２品作れます。

電子レンジやオーブンにおまかせの、
ほおっておけばできる
「ほっとくメイン」「ほっとくサブ」を
２品同時に作ります。

ヒント

「1時間で10品」なんてどうやって作るの？
その秘密は3つの時短ルール。この3つだけ守れば、1時間で10品作れるのです。

ほおっておいている間に手早く作れるレシピを取り入れる

電子レンジやオーブンで加熱している時間に、
フライパン1本でできる「焼くだけメイン」や、
5分でできる「混ぜるだけサブ」、
「お助けめし」、「らくちんデザート」を作ります。

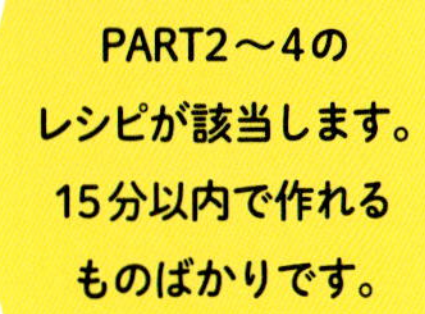

PART2～4の
レシピが該当します。
15分以内で作れる
ものばかりです。

これが私の
時短ルールです

くわしい作り方はもくじのあと！

CONTENTS

PART 1

電子レンジまたはオーブンにおまかせ

ほっとくメイン＋ほっとくサブの同時調理

PART 2

焼くだけメイン

鶏肉

揚げないチキン南蛮／鶏肉のねぎ塩レモン焼き ……… 74
名古屋風甘辛手羽先／チキンのディアボロ風 ……… 75

豚肉

ケチャがらめとんテキ／にらの豚肉ロール ……… 76
豚肉とおさつの甘辛じょうゆ／ポークタッカルビ ……… 77

牛肉

牛肉と豆苗のにんにく炒め／王道プルコギ ……… 78
牛肉とごぼうのしぐれ煮／こくウマチャプチェ ……… 79

ひき肉

包まないギョーザ／なす入り豚そぼろ ……… 80
アスパラ1本つくね焼き／もちもちれんこんバーグ ……… 81

魚介

たらのポワレ トマトソース／フライパンさばみそ ……… 82
鮭のちゃんちゃん焼き／ごちそうえびカツ ……… 83
えびとかにかまのチーズ春巻き／ガーリックシュリンプ ……… 84
帆立とアスパラのバターじょうゆ／いかと青梗菜のペペロンチーニ ……… 85

卵

かにかま入りチャイニーズ卵焼き／ポテト入りボリュームオムレツ ……… 86
えのきとパプリカのふんわり卵／ブロッコリーの卵炒め ……… 87

大豆食品

厚揚げチャンプルー／厚揚げとなすのオイスター炒め ……… 88
ふんわり豆腐バーグ／ポテトソイビーンズフライ ……… 89

PART 3

絶対まねしたい、あえもの、サラダ、浅漬け

混ぜるだけサブ

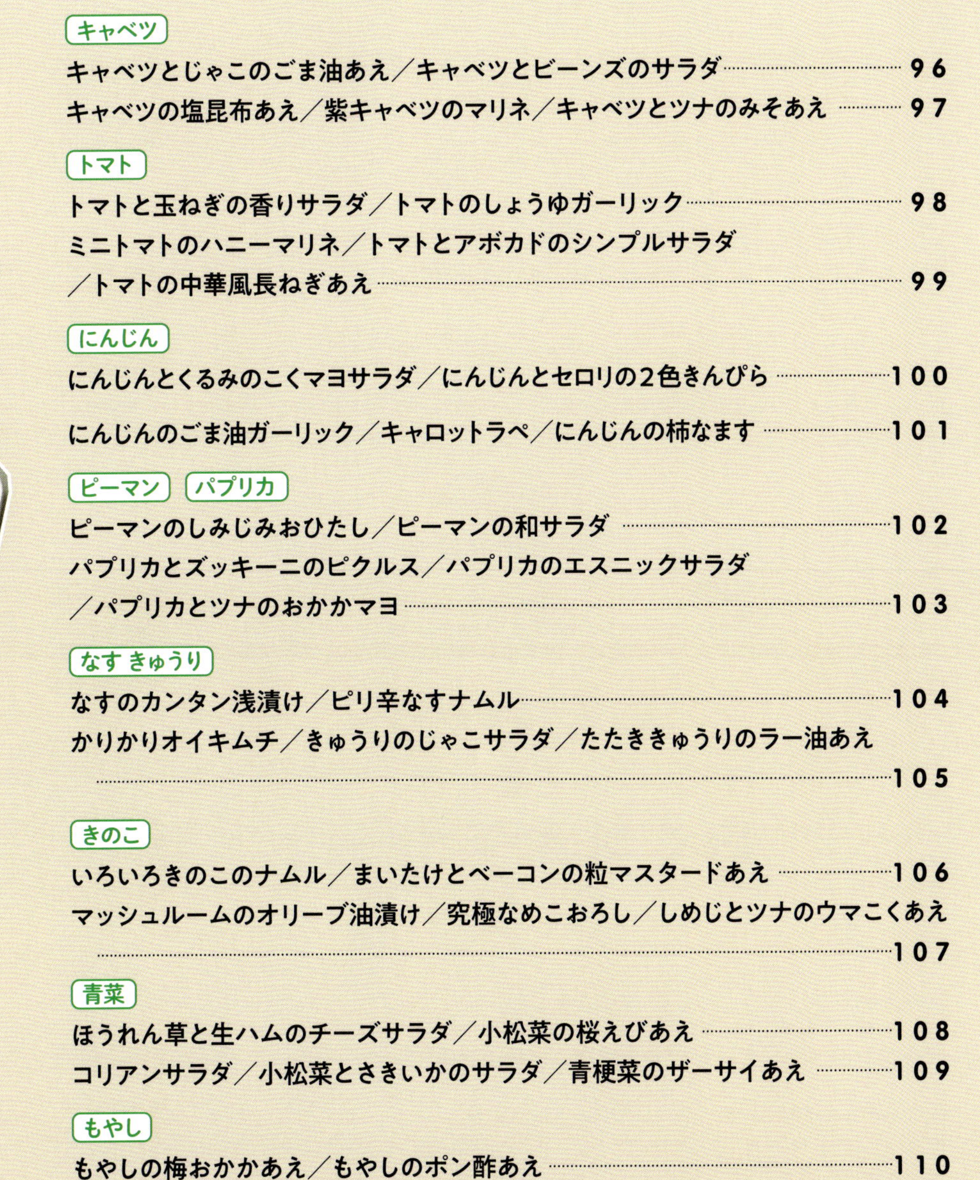

キャベツ

キャベツとじゃこのごま油あえ／キャベツとビーンズのサラダ……96
キャベツの塩昆布あえ／紫キャベツのマリネ／キャベツとツナのみそあえ……97

トマト

トマトと玉ねぎの香りサラダ／トマトのしょうゆガーリック……98
ミニトマトのハニーマリネ／トマトとアボカドのシンプルサラダ／トマトの中華風長ねぎあえ……99

にんじん

にんじんとくるみのこくマヨサラダ／にんじんとセロリの2色きんぴら……100
にんじんのごま油ガーリック／キャロットラペ／にんじんの柿なます……101

ピーマン　パプリカ

ピーマンのしみじみおひたし／ピーマンの和サラダ……102
パプリカとズッキーニのピクルス／パプリカのエスニックサラダ／パプリカとツナのおかかマヨ……103

なす きゅうり

なすのカンタン浅漬け／ピリ辛なすナムル……104
かりかりオイキムチ／きゅうりのじゃこサラダ／たたききゅうりのラー油あえ……105

きのこ

いろいろきのこのナムル／まいたけとベーコンの粒マスタードあえ……106
マッシュルームのオリーブ油漬け／究極なめこおろし／しめじとツナのウマこくあえ……107

青菜

ほうれん草と生ハムのチーズサラダ／小松菜の桜えびあえ……108
コリアンサラダ／小松菜とさきいかのサラダ／青梗菜のザーサイあえ……109

もやし

もやしの梅おかかあえ／もやしのポン酢あえ……110
豆もやしとハムのごまマヨネーズ／豆もやしのコチュジャンあえ／もやしの明太子あえ……111

CONTENTS

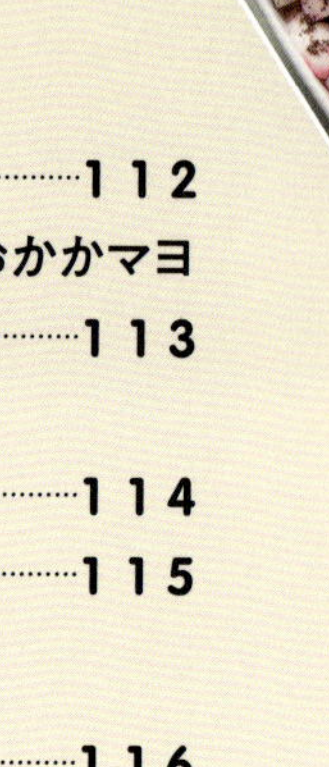

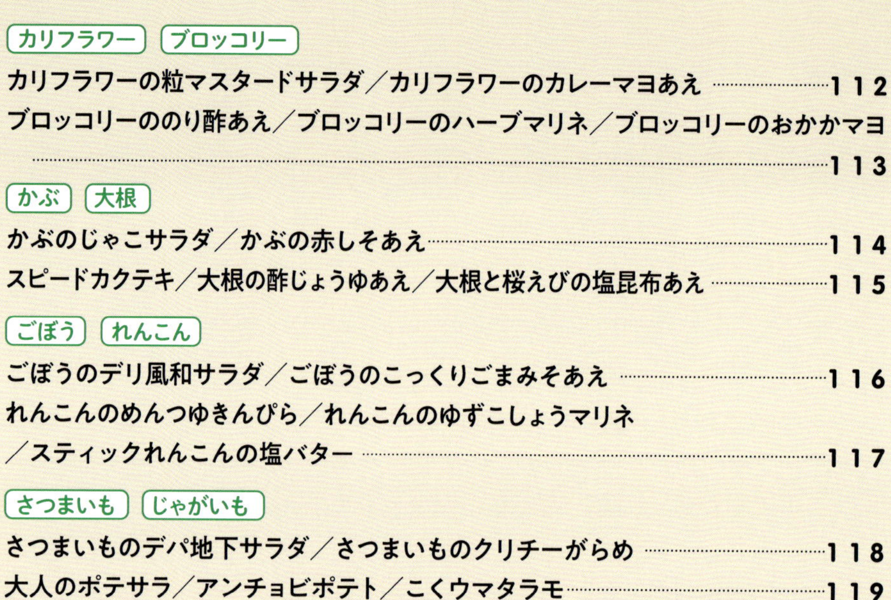

カリフラワー ブロッコリー

カリフラワーの粒マスタードサラダ／カリフラワーのカレーマヨあえ …… 112

ブロッコリーののり酢あえ／ブロッコリーのハーブマリネ／ブロッコリーのおかかマヨ …… 113

かぶ 大根

かぶのじゃこサラダ／かぶの赤しそあえ …… 114

スピードカクテキ／大根の酢じょうゆあえ／大根と桜えびの塩昆布あえ …… 115

ごぼう れんこん

ごぼうのデリ風和サラダ／ごぼうのこっくりごまみそあえ …… 116

れんこんのめんつゆきんぴら／れんこんのゆずこしょうマリネ／スティックれんこんの塩バター …… 117

さつまいも じゃがいも

さつまいものデパ地下サラダ／さつまいものクリチーがらめ …… 118

大人のポテサラ／アンチョビポテト／こくウマタラモ …… 119

PART 4

これがあれば、食卓の充実度がアップする

お助けめし & らくちんデザート

お助けめし

鮮やかチキンピラフ／じゃがバタみそご飯 …… 124

炊飯器でカオマンガイ／ツナとコーンの炊き込み …… 125

鮭としめじの炊き込み／ウインナのパエリア風 …… 126

じゃことベーコンの菜っぱめし／ツナと塩昆布のバタめし …… 127

明太子と小松菜のご飯／なめたけと梅肉のご飯 …… 128

たくあんのちらしずし／炒めない焼きめし …… 129

らくちんデザート

レーズン入り蒸しパン／フルーツヨーグルトアイス……130
マンゴーシャーベット／紅茶のさくさくクッキー……131
塩いもけんぴ／りんごのコンポート……132
濃厚パンナコッタ／自家製ジンジャーエール……133

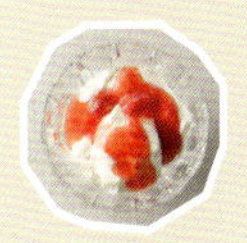

COLUMN つくりおきがなくてもなんとかなる

缶詰利用のラク早メニュー……68
乾物利用のありがたメニュー……90
とにかく具材をぶっこみ鍋メニュー……120
市販のたれ利用の使えるメニュー……134

材料別さくいん……138

この本の決まりごと

- 小さじ1は5㎖、大さじ1は15㎖、1カップは200㎖です。
- しょうゆは濃口しょうゆ、塩は自然塩、砂糖は上白糖、バターは食塩使用のものを使っています。
- 電子レンジの加熱時間は出力600Wのものを基準にしています。機種や気候によって多少異なります。
- 冷蔵、冷凍の保存期間は目安です。ご家庭の保存状態で料理の状態を確認してください。
- 手に傷があるときや、体調の悪いときに作らないでください。

5タイプのおかずから
10品選ぼう

この本では調理法ごとに5タイプのおかずを紹介しています。
この5タイプからまんべんなく選ぶと1時間で10品作れます。

PART 1
ほっとくメイン＋サブ　2セット（4品）

P32~67

- 電子レンジやオーブンにおまかせで作る
メインおかずとサブおかずのセット
- 同時に2品作れるので、これだけで夕食にも◎
- 1品ずつ作ってもOK
- 朝や休日に仕込んでおけば、
帰ってきてからチンするだけ

※ この本では庫内寸法が幅394㎜×奥行309㎜×高さ235㎜、30ℓサイズのオーブンレンジ（Panasonic スチームオーブンレンジ NE-BS1600）を使用しています。これより小さいサイズのオーブンレンジの場合は、量を調整するか1品ずつ作ってください。

PART 2

焼くだけメイン　2品

P74~89

- フライパンひとつでできるメインおかず
- すべて15分以内で作れるので、帰ってからでもらくらく
- お弁当にもおすすめ

PART 3
混ぜるだけサブ　2品

P96～119

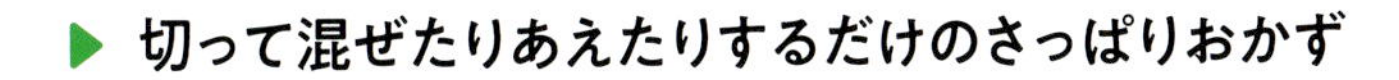

- 切って混ぜたりあえたりするだけのさっぱりおかず
- あと1品欲しいときも、10分以内で手早く作れる
- 常備菜として冷蔵庫にストックしておくと便利

PART 4
お助けめし　1品

P124～129

- 夕食だけでなく、
  お弁当や朝食にも便利な
  炊き込み&混ぜご飯

PART 4
らくちんデザート　1品

P130～133

- あるとほっとする、日もちデザート
- すべてすき間時間で作れる

組み合わせ自由！
PART1～4で
合計10品

この本での調理手順

1時間で10品作るには、段取りが重要。以下の手順で進めていくとスムーズです。

すべての料理の下ごしらえをする

この本では材料表といっしょに下ごしらえを表記しています。

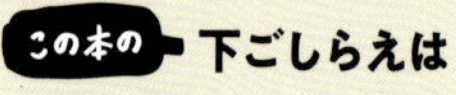

この本の 下ごしらえは ［点線の枠］で囲った部分です

レンジでアクアパッツァ
＋キャベツのアンチョビソテー

おしゃれイタリアンメニュー2品も、レンジで手早く作れます。
にんにく風味のアクアパッツァ、アンチョビのうまみがきいたソテー。
味も見た目もパーフェクト。

調理時間 TOTAL 20 MIN

材料（4食分）と下ごしらえ

レンジでアクアパッツァ

鯛の切り身 …… 4切れ
ミニトマト …… 6個
むきあさり缶 …… 1缶
にんにく …… 1かけ

白ワイン …… 大さじ3
オリーブ油 …… 大さじ2
塩、粗びき黒こしょう …… 各少々

キャベツのアンチョビソテー

キャベツ …… 1/4個
アンチョビ缶 …… 4切れ

にんにくのみじん切り …… 1かけ分
赤唐辛子の小口切り …… 1本分
オリーブ油 …… 大さじ2
塩、粗びき黒こしょう …… 各少々

2つのボウルを電子レンジに入れ、10分加熱する。あれば にパセリをふる。

52

53

ココ

炊き込みご飯やひんやりスイーツはここで作る

炊き込んだり、冷やしかためる必要があるものは先に作ります

電子レンジでほっとくメインとサブを作る

PART 1のレシピの、電子レンジで作るものを調理します。
終わったらオーブンの予熱をします。

ほっとく間に

焼くだけメイン2品を作る

PART 2のレシピです。
コンロを使うものを一気に終わらせます。

デザートは
すき間時間に

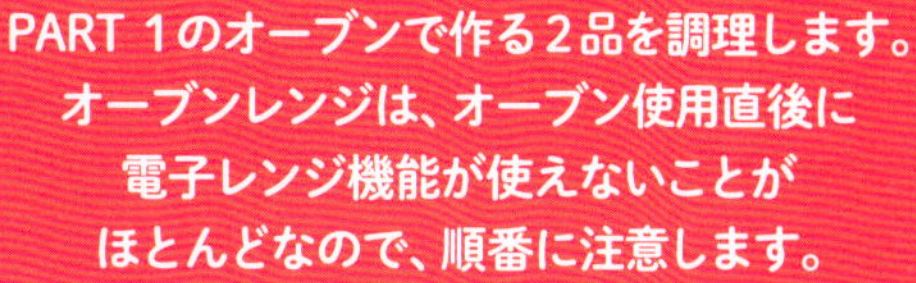

オーブンでほっとくメインとサブを作る

PART 1のオーブンで作る2品を調理します。
オーブンレンジは、オーブン使用直後に
電子レンジ機能が使えないことが
ほとんどなので、順番に注意します。

ほっとく間に

混ぜるだけサブ2品を作る

オーブンの待ち時間に、
手早くサブおかずを作ります。

ご飯が炊けたら
混ぜご飯を作る

10品完成！

1時間で10品 作ってみよう

鉄板まちがいなし10品

1 オーブン 豚肉のガーリックパン粉焼き
ほっとくメイン P43

2 オーブン パンプキンチーズ
ほっとくサブ P43

3 電子レンジ レンジでアクアパッツァ
ほっとくメイン P52

4 電子レンジ キャベツのアンチョビソテー
ほっとくサブ P52

5 フライパン 鶏肉のねぎ塩レモン焼き
焼くだけメイン P74

6 フライパン えのきとパプリカのふんわり卵
焼くだけメイン P87

7 ボウル ブロッコリーのおかかマヨ
混ぜるだけサブ P113

8 ボウル キャロットラペ
混ぜるだけサブ P101

9 炊き込み ウインナのパエリア風
お助けめし P126

10 フルーツヨーグルトアイス
らくちんデザート P130

1

6

ご飯はもちろん、ビールやワインにもよく合う、洋風テイストのメニューです。
チーズやアンチョビ、ガーリックなどをアクセントに使って
さまざまなおいしさを楽しみます。

鉄板まちがいなし10品の作り方

すべての料理の下ごしらえをする

食材を切る(野菜 → 肉または魚介)の
→ 下味をつける →
順がおすすめ

ほっとくメイン

豚肉のガーリックパン粉焼き

豚肩ロース肉(5㎜厚さ・筋を切る)………5枚(400g)

A
- おろしにんにく………小さじ2
- パセリのみじん切り(乾燥)………小さじ1
- パン粉………大さじ4
- オリーブ油………大さじ2
- 塩、粗びき黒こしょう………各少々

① ボウルにAを混ぜる。

ほっとくサブ

パンプキンチーズ

かぼちゃ(わたと種を取り除き、5㎜幅)‥300g(正味250g)

B
- 粉チーズ………大さじ3
- オリーブ油………大さじ1
- 塩、粗びき黒こしょう………各少々

② ボウルにBを混ぜる。

ほっとくメイン

レンジアクアパッツァ

鯛の切り身(半分の長さ)………4切れ(400g)
ミニトマト(へたを取って縦半分)………6個
むきあさり缶………1缶(125g)
にんにく(みじん切り)………1かけ

A
- 白ワイン………大さじ3
- オリーブ油………大さじ2
- 塩、粗びき黒こしょう………各少々

① 耐熱ボウルに鯛を入れ、Aを加えてあさりを缶汁ごと加える。トマト、にんにくを散らす。

ほっとくサブ

キャベツのアンチョビソテー

キャベツ(2㎝幅のざく切り)………1/4個(300g)
アンチョビ缶………4切れ

B
- にんにくのみじん切り………1かけ分
- 赤唐辛子の小口切り………1本分
- オリーブ油………大さじ2
- 塩、粗びき黒こしょう………各少々

② 耐熱ボウルに、キャベツとアンチョビ、Bを入れて混ぜる。

すべての料理の下ごしらえをする

焼くだけメイン

鶏肉の ねぎ塩レモン焼き

鶏もも肉（3～4cm角）……2枚（600g）
長ねぎ（斜め薄切り）……1本

A おろしにんにく……小さじ1
レモン汁、ごま油……各大さじ1
塩……小さじ1
粗びき黒こしょう……少々

① ポリ袋に鶏肉と長ねぎ、Aを入れてもみ、15分おく。

焼くだけメイン

えのきとパプリカの ふんわり卵

卵（ボウルに溶きほぐす）……4個
えのきだけ（ほぐす）……2袋（200g）
パプリカ（縦に細切り）……1個（150g）

A みそ……大さじ1と1/2
酒、みりん……各大さじ1

① ボウルにAを混ぜる。

ごま油……大さじ1

混ぜるだけサブ

キャロットラペ

にんじん（スライサーでせん切り）……2本（300g）
① 塩小さじ1（分量外）をふって10分おく。

レーズン……20g
A 酢、オリーブ油……各大さじ1
砂糖……小さじ1
こしょう……少々

② 大きめのボウルにAを混ぜる。

混ぜるだけサブ

ブロッコリーのおかかマヨ

ブロッコリー（小房に分ける）……1株（200g）

① 耐熱ボウルに入れ、ラップをかぶせて電子レンジで3分加熱する。

A 削り節……1/2袋（2g）
マヨネーズ……大さじ3
しょうゆ……小さじ1

② ボウルにAを混ぜる。

お助けめし

ウインナのパエリア風

米（洗ってざるに上げ、水けをきる）……2合（360mℓ）
ウインナソーセージ（5mm幅の斜め切り）……4本（80g）
パプリカ（縦に細切り）……1個（150g）
トマト缶（カット）……1/2缶（200g）

A おろしにんにく……小さじ1
オリーブ油……大さじ1
洋風スープのもと（顆粒）……小さじ1

① 炊飯器に米を入れ、トマト缶の水分だけを加える。2合の目盛りまで水適量（分量外）を注ぐ。Aを加えて混ぜる。

らくちんデザート

フルーツヨーグルトアイス

ミックスフルーツ缶……1缶（190g）
プレーンヨーグルト……400g
牛乳……1/2カップ

砂糖……30g

① ボウルに材料すべてを入れてよく混ぜる。

\ ここまでで /

10MIN → 20MIN

お助けめし

ウインナのパエリア風

炊く

炊飯器にソーセージ、パプリカ、トマト缶の実をのせて、ふつうに炊く。

らくちんデザート

フルーツヨーグルトアイス

冷やしかためる

密閉容器に入れて冷凍庫で1時間以上冷やしかためる。

炊く

冷やしかためる

ここまでで 30MIN

電子レンジで ほっとくメインとサブを作る

ほっとくメイン
レンジで
アクアパッツァ

10MIN

加熱終了!

ほっとくサブ
キャベツの
アンチョビソテー

加熱する

それぞれのボウルにラップをかぶせる。2つのボウルを電子レンジに入れ、10分加熱する。

終わったら
オーブンを180℃に
温め始める

ほっとく間に

焼くだけメイン2品を作る

焼くだけメイン
鶏肉の
ねぎ塩レモン焼き

焼く

フライパンを中火で熱して①を入れる。両面を色よく焼く。

焼くだけメイン
えのきとパプリカの
ふんわり卵

炒める

フライパンにごま油を中火で熱し、えのき、パプリカを入れて炒める。①を加えてからめ、混ぜながら炒める。

ここまでで

 レンジ　焼く　 炒める　40MIN

オーブンでほっとくメインとサブを作る

ほっとくメイン
豚肉のガーリックパン粉焼き

ほっとくサブ
パンプキンチーズ

15MIN

焼く

オーブン用シート2枚を天板に敷き、豚肉を置いて①を塗る。かぼちゃを置いて②を塗り、オーブンで15分焼く。

ほっとく間に

混ぜるだけサブ2品を作る

混ぜるだけサブ
キャロットラペ

混ぜる

①の水けを軽く絞り、レーズンとともに②に加えて混ぜる。

混ぜるだけサブ
ブロッコリーのおかかマヨ

混ぜる

①に②を加えて混ぜる。

ここまでで

オーブン

混ぜる

混ぜる

50MIN

＼焼き上がり！／

かたまり過ぎたら少し溶かして混ぜて

お助けめし

ウインナのパエリア風

混ぜる

全体を大きく混ぜる。

らくちんデザート

フルーツヨーグルトアイス

混ぜる

フォークで全体を混ぜる。

混ぜる

組み合わせは無限大！シーンに合わせて作ろう

５つのタイプのおかずを自由に組み合わせれば、どんなシーンでも大活躍。
好きな組み合わせで、便利に使ってみてください。

おもてなし＆持ちよりセット

「いろんな味を楽しみたい」という方におすすめの、セットメニュー。しっとり和風、こくあり洋風、ガツンと中華まで、そのときの気分で選べます。

ほっとくメイン
サーモンのハーブチーズグリル➡P55

ほっとくサブ
アコーデオンポテト➡P55

ほっとくメイン
照りっと鶏チャーシュー➡P32

ほっとくサブ
マッシュルームのトマト煮
➡P32

お助けめし
たくあんのちらしずし➡P129

混ぜるだけサブ
紫キャベツのマリネ➡P97

焼くだけメイン
にらの豚肉ロール➡P76

混ぜるだけサブ
小松菜の桜えびあえ➡P108

らくちんデザート
塩いもけんぴ
➡P132

帰って20分3品セット

メインおかず1品、サブおかず2品の組み合わせ。オーブンでほっとくメインとサブを焼いている間に、マリネの準備をします。3品の調理時間は、わずか20分ほど。

ほっとくメイン
豚肉のガーリックパン粉焼き ➡P43

ほっとくサブ
パンプキンチーズ ➡P43

混ぜるだけサブ
紫キャベツのマリネ ➡P97

焼くだけメイン
いかと青梗菜の
ペペロンチーニ
➡P85

つめるだけ弁当セット

つくりおきを仕込んでおけば、朝はつめるだけ。栄養バランスよく、仕上げるためには、メインになるたんぱく質のおかずを1品+カラフルな野菜の料理2品を準備しておくこと。3品が異なる味つけにするのもポイントです。

焼くだけメイン
にらの豚肉ロール ➡P76

混ぜるだけサブ
キャロットラペ ➡P101

らくちんデザート
塩いもけんぴ ➡P132

ティータイムセット

スイーツ好きにおすすめのカンタンメニューを取りそろえました。混ぜるだけ、焼くだけなので、初心者でもらくらく。おかずのつくりおきといっしょに、ささっと仕込んでおくと重宝します。

らくちんデザート
濃厚パンナコッタ ➡P133

「つくりおき」の保存法

容器は熱湯消毒をする

料理をつめる保存容器を清潔にしておくのは、基本のまず一歩。せっかく料理の扱いに気をつけていても、容器が汚れていてはまったく意味がない。つめる前に熱湯やキッチン用アルコールを回しかけて消毒しておくこと。

しっかりと火を通す

肉や魚は中までしっかり火が通っていないと、傷みの原因になってしまう。特に厚みのある肉は、竹串を刺してみてチェックすること。濁った汁が出てきたら、もう数分間加熱して。

容器の水けをよくふく

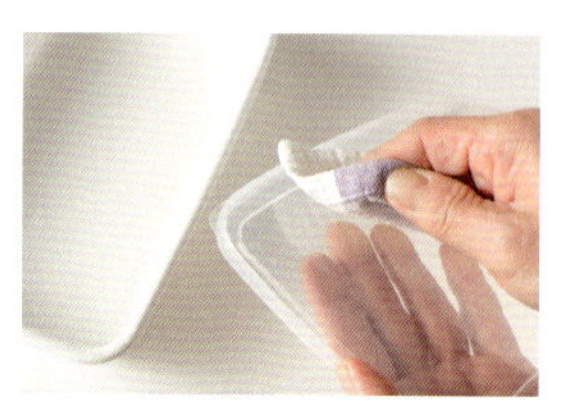

水けが残っていると雑菌が増えてしまう原因に。清潔なふきんでていねいに水けをふくこと。容器のふたの隅の部分までていねいにふき取って。

おかずはしっかりと冷ます

温かいおかずはバットなどに広げ、よく冷ましてからつめること。温かいままつめると熱がこもり、蒸気の水滴がついて傷む原因に。また、ご飯は温かいうちにラップで小分けにして包み、よく冷ましてから冷蔵または冷凍保存を。

清潔な箸やサーバーを使う

容器につめたり、器にとり分けたりするときは、きれいな箸やサーバーを使うこと。使い回したものを使うと、味が混ざり合ってしまったり、雑菌が入ってしまったりの原因に。

せっかく作った料理の数々。最後までおいしく食べ尽くしたいものです。
雑菌を寄せつけない料理の下ごしらえやつめ方、保存法のポイントを紹介します。

汁につけて保存する

つけ汁のあるものは、汁ごと容器に入れて保存すること。日もちがよくなり、徐々に食材の中まで味もしみ込む。

料理名や期限を書いたラベルを貼る

中に何の料理が入っているかは、意外とわかりづらいもの。料理名と、おいしく食べられる期限を書いたラベルを貼っておくのがおすすめ。食べ忘れを防ぐことも。

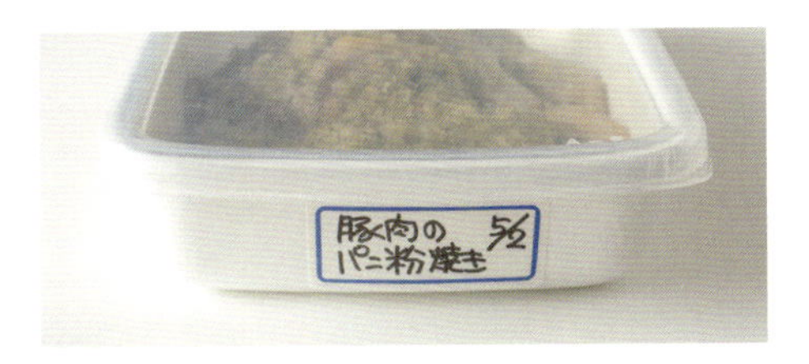

食べる分だけを温める

炒めものや煮ものは、食べる分だけを耐熱容器にとり分け、ふんわりとラップをかぶせて電子レンジで加熱する。

揚げものはアルミホイルにのせ、オーブントースターで加熱してもよい。

ふたをきっちりと閉める

ふたがあいていると料理が空気にふれ、酸化や味の劣化、雑菌が増えてしまう原因にも。

ジッパーつきの保存袋につめても

保存するスペースが狭いときにも便利。料理をつめたら、中の空気をしっかりと抜いて口を閉じること。

毎日かならず、料理をチェック

本書に表示した保存期間は、あくまでも目安。家庭の冷蔵庫や保存状態で多少異なるので、注意を。食べるときに、かならず料理の状態を確認すること。また、手に傷があるときや、体調の悪いときに作らないことも大事。

この本の使い方

時短ワザ満載のつくりおき

電子レンジ、オーブン、フライパンなどを使ったつくりおきおかずを紹介します。
身近な食材、調味料で作れるものばかり。好きなおかずをチョイスしましょう。

日もちの目安　冷凍可能かどうか
➡冷凍した場合の日もちは約１か月
２品の合計調理時間
（PART ２〜４は1品の調理時間）
使用する調理道具（PART1のみ）
照りっと鶏チャーシュー
＋マッシュルームのトマト煮
レンジ
こんな本格味のおかず２品も、チンするだけで作れます。
中華風、洋風おかず２品が一度に楽しめる欲張りメニュー。
おうちならではのおいしさです。
調理時間 TOTAL 25 MIN
材料（４食分）と下ごしらえ
2つのボウルを電子レンジに入れ、６分加熱する。
料理の時短ポイント、
さらに時短にするコツ
材料と下ごしらえを示しています。
この枠内の作業を行うのが時短のコツ。
①、②の順に行いましょう。

PART 1

電子レンジまたはオーブンにおまかせ

ほっとくメイン＋ほっとくサブの同時調理

下ごしらえをした食材を電子レンジ、またはオーブンに入れるだけ。
メインとサブのおかず２品が、同時においしく仕上がります。
メインおかずの食材別に紹介しているので、選ぶのもカンタン。
調理器具にまかせっぱなしで作れるので、
ほかの料理の作業に取りかかることもできちゃいます。

＊電子レンジは庫内が幅394㎜×奥行309㎜×高さ235㎜、30ℓサイズのものを使用しています。

照りっと鶏チャーシュー
＋マッシュルームのトマト煮

ほっとく
メイン

味がしみるほどに、
ぎゅっとうまみ凝縮。

ほっとく
サブ

トマトの酸味と甘みで
おいしさ際立つ。

こんな本格味のおかず２品も、チンするだけで作れます。
中華風、洋風おかず２品が一度に楽しめる欲張りメニュー。
おうちならではのおいしさです。

材料（４食分）と下ごしらえ

照りっと鶏チャーシュー
▶冷蔵３～４日 ▶冷凍ＯＫ

鶏もも肉（縦半分に切り、皮めをフォークで数か所刺す）……２枚（600g）

Ａ おろしにんにく、おろししょうが*……各小さじ２
しょうゆ、みりん……各大さじ４
酒……大さじ２
ごま油……大さじ１

① 耐熱ボウルにＡを混ぜ、鶏肉をつけて10分ほどおく。

ほっとくサブ　マッシュルームのトマト煮
▶冷蔵４日 ▶冷凍ＯＫ

マッシュルーム（縦半分）……８個
トマト（1㎝角）★……１個（200g）

Ｂ トマトケチャップ……大さじ２
ウスターソース、白ワイン……各大さじ１
砂糖、洋風スープのもと（顆粒）……各小さじ１

② 耐熱ボウルにＢを混ぜ、マッシュルーム、トマトを加える。

２つのボウルを電子レンジに入れ、**６分加熱**する。
ほっとくサブ**を取り出し**、さらにほっとくメイン **９分加熱**する。

ここが時短 *おろしにんにくやしょうがはチューブを使ってラクチン。
もっと時短 ★トマトは1㎝角でなく、ざく切りでもOK。

ふっくらチキングリル ＋ 香ばし枝豆

調理時間 TOTAL 35 MIN

みんな大好きな鉄板おかず2品の組み合わせ。ご飯にもビールにも合います。

材料（4食分）と下ごしらえ

ほっとくメイン　ふっくらチキングリル
▶冷蔵3～4日　▶冷凍OK

鶏もも肉（観音開きにし、4等分）……2枚（600g）

Ⓐ塩麹※……大さじ3
　オリーブ油……大さじ2

① ポリ袋に鶏肉を入れ、Ⓐを加えてもみ込み、10分おく。

ほっとくサブ　香ばし枝豆
▶冷蔵4～5日　▶冷凍OK

枝豆（さやつき）★……200g

② よく水洗いをし、水けをふく。

塩……小さじ1/2

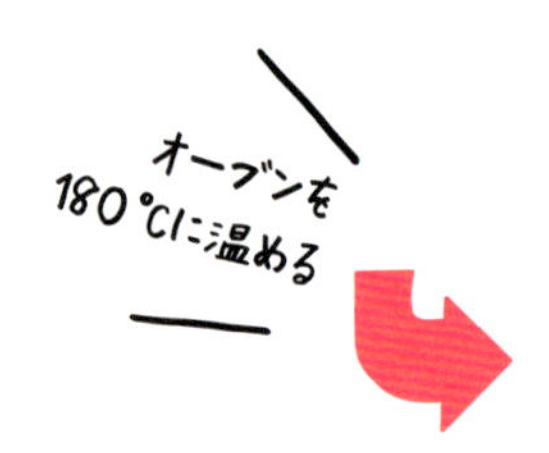

オーブン用シート2枚を天板に敷く。ほっとくメイン、ほっとくサブを置いて枝豆に塩をふる。オーブンで**15分焼く**。

ここが時短　※塩麹につけるだけで、味つけいらずでふっくら。

もっと時短　★冷凍枝豆を解凍して使ってもよい。

本格タンドリーチキン＋アボカドグラタン

おもてなしにもおすすめの、おしゃれな2品。ワイン＋バゲットを添えれば完璧です。

材料（4食分）と下ごしらえ

ほっとくメイン 本格タンドリーチキン

▶冷蔵3～4日 ▶冷凍OK

鶏もも肉（3～4cm角）……2枚（600g）

A
- おろしにんにく……小さじ1
- ヨーグルト（加糖）……大さじ3
- トマトケチャップ……大さじ2
- しょうゆ、カレー粉……各大さじ1
- 粗びき黒こしょう……少々

① ボウルにAを混ぜ、鶏肉をつけて10分おく。

ほっとくサブ アボカドグラタン

▶冷蔵3～4日

アボカド（半分に切り、スプーンでくり抜いて1cm角）……2個

ベーコン（5mm幅）……4枚

B
- マヨネーズ……大さじ4
- 粗びき黒こしょう……少々

② ボウルにアボカト、ベーコン、Bを入れて混ぜる。アボカドのケースに詰める。

ピザ用チーズ……40g

オーブン用シート2枚を天板に敷く。ほっとくサブを置いてピザ用チーズをのせる。ほっとくメインを置く。オーブンで**15分**焼く。

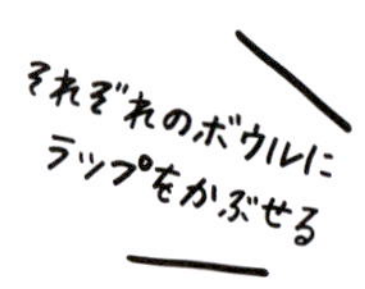

チキンのさっぱりしょうがじょうゆ ＋ カンタン五目豆

調理時間 TOTAL 30MIN

これぞ、THE和食のシブうまおかず。ひと口食べるごとにうまみがじんわり広がります。

材料（4食分）と下ごしらえ

ほっとくメイン　チキンのさっぱりしょうがじょうゆ

▶冷蔵4～5日　▶冷凍OK

- 鶏むね肉（3～4cm四方）……2枚（600g）
- 長ねぎ（3cm長さ）……1本
- A おろししょうが……小さじ1
- A しょうゆ、みりん、酒※……各大さじ2
- A 片栗粉……小さじ1

① 耐熱ボウルにAを混ぜ、鶏肉、長ねぎを加えて混ぜる。

ほっとくサブ　カンタン五目豆

▶冷蔵1週間

- 蒸し大豆……150g
- れんこん（1cm角）……200g
- にんじん（1cm角）……大1/2本（100g）
- こんにゃく（アク抜き済み・1cm角）……1/2枚（125g）
- B めんつゆ（ストレート）……60mℓ
- B 酒、みりん……各大さじ2

② 耐熱ボウルにBを混ぜ、大豆、れんこん、にんじん、こんにゃくを加えて混ぜる。

それぞれのボウルにラップをかぶせる

2つのボウルを電子レンジに入れ、**15分加熱**する。ほっとくサブを**取り出し**、さらにほっとくメインを**5分加熱**する。

もっと時短　※しょうゆ、みりん、酒の代わりにめんつゆを使ってもOK。

レンジ

ささみの梅しそロール＋なすのとろとろ煮

調理時間 TOTAL 25 MIN

ヘルシーでうれしいおかずの組み合わせ。お弁当にも、おつまみにもおすすめです。

材料（4食分）と下ごしらえ

ほっとくメイン　ささみの梅しそロール
▶冷蔵3～4日　▶冷凍OK

鶏ささみ（筋を取り、観音開き）……4本（160g）
青じそ（軸を切る）……4枚
梅干し（種を取って粗くたたく）……4個
塩麹……大さじ2

② ささみに青じそをのせて梅肉をぬり、くるくると巻く。表面に塩麹をぬり、ラップで1個ずつ包んで耐熱ボウルに入れる。

ほっとくサブ　なすのとろとろ煮
▶冷蔵4日　▶冷凍OK

なす（ところどころ縦に皮をむき※、縦4等分に切って3cm長さ）……4本（320g）

Ⓐ おろししょうが……小さじ1
　 めんつゆ（ストレート）……大さじ4

① 耐熱ボウルにⒶを混ぜ、なすを加えてさらに混ぜる。

削り節……1/2袋（2g）

2つのボウルを電子レンジに入れ、**12 分加熱**する。ほっとくメインは長さを半分に切り、ほっとくサブに削り節を混ぜる。

ここが時短　※なすの皮をむくことでスピーディーに味をしみ込ませる。

自家製チャーシュー
＋トマト入りサンラータン

ほっとく
メイン

にんにく、しょうがを
きかせた甘辛味。

ほっとく
サブ

たけのこの代わりに
きのこを使っても。

本格中華おかずも、電子レンジで手早く＆お手軽に。
時間が経つごとに味がなじんで、いっそうおいしく仕上がります。
一度食べるとまた作りたくなるセットです。

材料（4食分）と下ごしらえ

ほっとくメイン **自家製チャーシュー**
▶冷蔵4～5日 ▶冷凍OK

豚肩ロースかたまり肉
（表面をフォークで刺して穴をあける※）……400g

Ⓐ おろしにんにく、おろししょうが……各小さじ1
水……1カップ
しょうゆ……1/2カップ
はちみつ……大さじ2

② 耐熱ボウルにⒶを混ぜ、豚肉を加える。

ほっとくサブ **トマト入りサンラータン**
▶冷蔵3～4日

木綿豆腐（1cm角）……1/2丁（150g）
たけのこの水煮（せん切り）……40g
しょうが（せん切り）……1かけ
トマト（1cm角）……1/2個（75g）

Ⓑ 水……2カップ
鶏がらスープのもと（顆粒）……小さじ2
酒、しょうゆ……各大さじ1
酢……大さじ1/2

① 耐熱ボウルにⒷを混ぜ、豆腐、たけのこ、しょうが、トマトを加えて混ぜる。

ラー油……少々

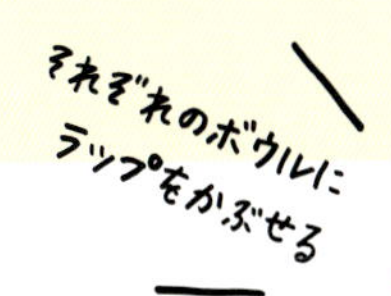

2つのボウルを電子レンジに入れ、**20分加熱**する。
ほっとくメインは半分に切り、ときどき上下を返す。ほっとくサブにラー油をふる。

※豚肉はフォークで刺して穴をあけると、早く中まで味をしみ込む。

調理時間
TOTAL
25 MIN

豚バラとレタスのレンチンロール
＋ 里いものほっくり煮

レンジ

いつもは鍋で作るこの2品も、レンジなら手早くできて失敗知らず。

材料（4食分）と下ごしらえ

ほっとくメイン **豚バラとレタスのレンチンロール**
▶冷蔵3～4日 ▶冷凍OK

豚バラ薄切り肉……8枚（160g）
レタス（4～5cm幅）……8枚（120g）

② 豚肉にレタスを等分にのせて巻く。

Ⓐ めんつゆ（ストレート）……大さじ3
おろししょうが……小さじ1

③ 耐熱ボウルにⒶを混ぜ、②の巻き終わりを下にして入れる。

ほっとくサブ **里いものほっくり煮**
▶冷蔵4～5日

里いも（冷凍*）……18個（360g）

① 耐熱ボウルに入れ、ラップをかぶせて5分加熱し、解凍する。

Ⓑ 水……大さじ4
しょうゆ、酒、みりん……各大さじ2
和風だしのもと（顆粒）……小さじ1

④ ①にⒷを加えて混ぜる。

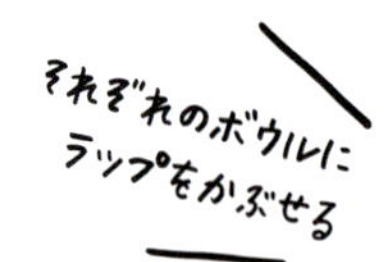
それぞれのボウルにラップをかぶせる

2つのボウルを電子レンジに入れ、**8分加熱**する。ほっとくメイン**を取り出して**、さらにほっとくサブを**7分加熱**する。

ここが時短

*皮むきいらず、下ゆでいらずの冷凍里いもでラクチン。

レンジ

豚バラのこっくり角煮＋白菜と春雨のみそ炒め

調理時間 TOTAL 25 MIN

こってり＆さっぱりのおかず2品セットは、味も栄養もバランスよし。

材料（4食分）と下ごしらえ

ほっとくメイン 豚バラのこっくり角煮

▶冷蔵4～5日 ▶冷凍OK

豚バラかたまり肉（3㎝角）	400g
長ねぎ（青い部分）	1本分

A	おろししょうが	小さじ1
	しょうゆ	大さじ3
	酒	大さじ2
	はちみつ	大さじ1

① 耐熱ボウルにAを混ぜ豚肉、長ねぎを加えて10分おく。

ほっとくサブ 白菜と春雨のみそ炒め

▶冷蔵4～5日

白菜（3㎝角）	250g
春雨（半分の長さ）	50g

B	みそ、みりん	各大さじ2
	砂糖、しょうゆ	各小さじ1

② 耐熱ボウルにBを混ぜ、春雨に調味料がからむように下に入れる。その上に白菜をのせる。

2つのボウルを電子レンジに入れ、**15分加熱**する。あればほっとくメインに糸切り唐辛子をのせる。

ポークピカタ＋きのこのアヒージョ

リッチで濃厚なおいしさの洋風おかず。バゲット＋ワインでどうぞ。

調理時間 TOTAL 25 MIN

材料（4食分）と下ごしらえ

ポークピカタ

▶冷蔵4～5日　▶冷凍ＯＫ

豚肩ロース肉（5㎜厚さ・筋を切る）……5枚（400g）

Ⓐ
- 卵……2個
- 粉チーズ……大さじ3
- 小麦粉……大さじ4
- 塩、粗びき黒こしょう……少々

② ボウルにⒶを混ぜる。

ほっとく サブ

きのこのアヒージョ

▶冷蔵1週間　▶冷凍ＯＫ

まいたけ*（ほぐす）……1パック（100g）

生しいたけ*（4等分）……4個（80g）

マッシュルーム*（縦半分）……4個

Ⓑ
- にんにくのみじん切り……1かけ分
- 赤唐辛子の小口切り……1本分
- オリーブ油……1/2カップ
- 塩……小さじ1/4

① ボウルにきのこを入れ、Ⓑを加えて混ぜる。

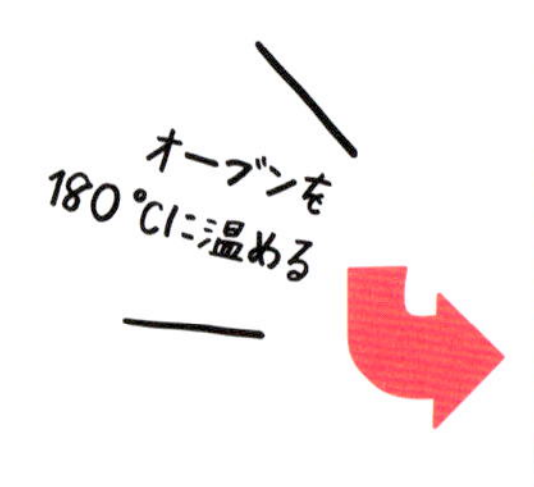

オーブン用シートを2枚敷く。豚肉をⒶにからませてから置く。①を置く。オーブンで**15分焼く**。あれば ほっとくメイン にパセリをふる。

もっと時短　*きのこは種類を減らしたり、お好みで変えてもOK。

豚肉のガーリックパン粉焼き＋パンプキンチーズ

こんがり焼きめと豊かな香りは、オーブンならでは。

材料（4食分）と下ごしらえ

豚肉のガーリックパン粉焼き

▶冷蔵4～5日　▶冷凍ＯＫ

豚肩ロース肉（5㎜厚さ・筋を切る）……5枚（400g）

A
- おろしにんにく……小さじ2
- パセリのみじん切り（乾燥）……小さじ1
- パン粉……大さじ4
- オリーブ油……大さじ2
- 塩、粗びき黒こしょう……各少々

① ボウルにAを混ぜる。

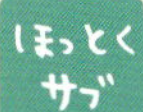

パンプキンチーズ

▶冷蔵3～4日　▶冷凍ＯＫ

かぼちゃ（わたと種を取り除き、5㎜幅）……300g（正味250g）

B
- 粉チーズ……大さじ3
- オリーブ油……大さじ1
- 塩、粗びき黒こしょう……各少々

② ボウルにBを混ぜる。

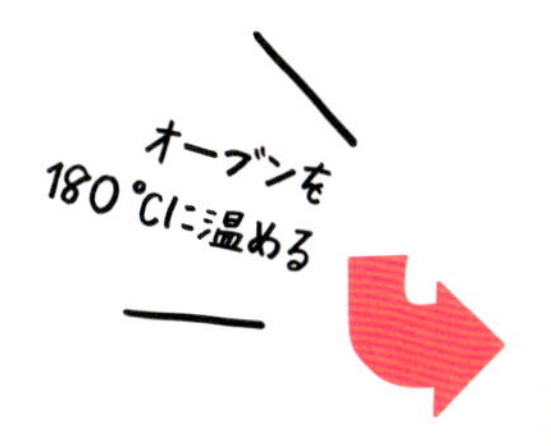

オーブン用シートを2枚敷く。豚肉を置いて①をぬる。かぼちゃを置いて②をぬる。オーブンで**15分焼く**。

カラフル野菜の肉巻き
＋ジャーマン里いも

ほっとく サブ

冷凍里いもなら、
皮むきいらずでカンタン。

ほっとく メイン

野菜はピーマン＋
アスパラに代えても。

肉巻きの野菜をかえたり、ジャーマンポテトを里いもで作ったり。
素材をアレンジするだけで、新しいおいしさが発見できます。
彩りも楽しい2品です。

材料（4食分）と下ごしらえ

カラフル野菜の肉巻き
▶冷蔵4～5日 ▶冷凍OK

牛もも薄切り肉 …… 8枚（240g）
パプリカ（縦に細切り） …… 2個（300g）
さやいんげん（半分の長さ） …… 8本（60g）

② 牛肉を縦長において パプリカ、いんげんをのせて巻く。

Ⓐ 塩、こしょう …… 各少々

ほっとく サブ **ジャーマン里いも**
▶冷蔵4～5日

里いも（冷凍） …… 20個（400g）

① 耐熱ボウルに入れてラップをかぶせ、電子レンジで5分加熱して解凍する。

玉ねぎ（1cm幅のくし形切り*） …… 1個（200g）
ウインナソーセージ（斜め3等分） …… 4本（80g）

Ⓑ オリーブ油 …… 大さじ1
洋風スープのもと（顆粒） …… 小さじ1
塩、粗びき黒こしょう …… 各少々

オーブン用シート2枚を天板に敷く。①を置き、Ⓑをかける。
②を置き、Ⓐをふる。オーブンで**15分焼く**。

もっと時短 *玉ねぎは縦4～6等分など大きめのくし形切りでもOK。

レンジローストビーフ ＋ 具だくさんミネストローネ

調理時間 TOTAL 25 MIN

記念日に作りたいごちそうおかず。食卓が「映える」華やかさです。

材料（４食分）と下ごしらえ

ほっとくメイン　レンジローストビーフ

▶冷蔵３日　▶冷凍ＯＫ

牛ももかたまり肉（半分に切る）……400g

Ⓐ おろしにんにく……小さじ１
塩……小さじ１
粗びき黒こしょう……少々

① 牛肉にⒶをすり込み、それぞれをラップで包み、10分おく。

ほっとくサブ　具だくさんミネストローネ

▶冷蔵４～５日　▶冷凍ＯＫ

蒸し大豆……100g
玉ねぎ（5㎜角*）……1/2個（100g）
キャベツ（5㎜角*）……２枚（100g）
ベーコン（5㎜幅*）……２枚

Ⓑ トマトジュース、水……各１カップ
洋風スープのもと（顆粒）……小さじ１
塩、粗びき黒こしょう……各少々

② 耐熱ボウルにⒷを混ぜ、大豆、玉ねぎ、キャベツ、ベーコンを加えて混ぜる。

ほっとくサブ にラップをかぶせる

2つのボウルを電子レンジに入れ、**10分加熱する**。ほっとくメインを取り出し、さらにほっとくサブを**5分加熱する**。ほっとくメインはアルミホイルで包み、**30分おく**。

もっと時短　*切り方は多少大きくても大丈夫。

調理時間 TOTAL 30MIN

しみじみ肉じゃが ＋ かぶの明太子炒め

定番家庭料理も電子レンジにおまかせ。お弁当にもおつまみにもよく合います。

レンジ

材料（4食分）と下ごしらえ

ほっとくメイン しみじみ肉じゃが

▶冷蔵4～5日

- 牛こま切れ肉……100g
- じゃがいも（皮をむいて大きめの乱切り）……2個（300g）
- にんじん（乱切り）……大1/2本（100g）
- 玉ねぎ（2cm幅のくし形切り）……1個（200g）

Ⓐ
- 酒……1/4カップ
- しょうゆ……大さじ2
- 砂糖、みりん……各大さじ1

① 耐熱ボウルにⒶを混ぜ、牛肉、じゃがいも、にんじん、玉ねぎを加えて混ぜる。

ほっとくサブ かぶの明太子炒め

▶冷蔵3～4日

- かぶ（スライサーでせん切り*）……3個（240g）
- 辛子明太子（ほぐす）……1はら（40g）
- ツナ缶（汁けをきる）……小1缶（70g）

Ⓑ
- 酒……大さじ1
- 塩……少々

② 耐熱ボウルにかぶ、明太子、ツナ、Ⓑを入れて混ぜる。

それぞれのボウルにラップをかぶせる

2つのボウルを電子レンジに入れ、**10分加熱**する。ほっとくサブを取り出し、さらにほっとくメインを**10分加熱**する。

ここが時短 *ぶきっちょさんでもスライサーでらっくらく。

スコップメンチカツ
＋なすとトマトの重ね焼き

オーブン

ほっとくメイン

成形いらず
なのに
おしゃれ。

ほっとくサブ

なすの代わりに
じゃがいもでもおいしい。

耐熱の保存容器２個で作れば、そのまま保存ができて便利。
ケチャップ+ソース味のメンチ、
見た目も味もバツグンの重ね焼きの完璧セットです。

材料（４食分）と下ごしらえ

ほっとくメイン スコップメンチカツ

▶冷蔵４～５日 ▶冷凍ＯＫ

合いびき肉 …… 200g
キャベツ（みじん切り★） …… ２枚（100g）
玉ねぎ（みじん切り★） …… 1/2個（100g）

Ⓐ トマトケチャップ、みりん、ウスターソース …… 各大さじ１

③ ボウルにひき肉、キャベツ、玉ねぎ、Ⓐを入れてよく混ぜ、耐熱容器に詰める。

Ⓑ パン粉 …… 大さじ５
オリーブ油 …… 大さじ３
粗びき黒こしょう …… 少々

④ ボウルにⒷを混ぜ、③にかける。

ほっとくサブ なすとトマトの重ね焼き

▶冷蔵３～４日

なす（5㎜幅） …… ２本（160g）
トマト（5㎜幅） …… ２個（300g）

① 耐熱容器に交互に並べる。

Ⓒ オリーブ油 …… 大さじ２
粉チーズ、バジル（乾燥） …… 各大さじ１
塩、粗びき黒こしょう …… 各少々

② ボウルにⒸを混ぜ、①にかける。

オーブンを180℃に温める

オーブンで**15分焼く**。ほっとくサブを取り出し、さらにほっとくメインを**15分焼く**。

もっと時短 ★あればフードプロセッサーでまとめて切って。

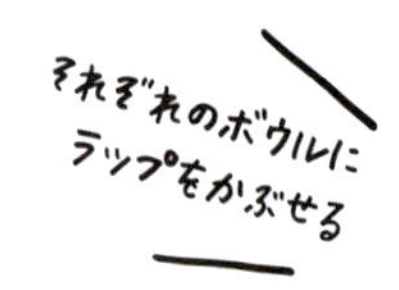

鶏そぼろと大根のうま煮 ＋ キャベツとベーコンのカレー炒め

調理時間 TOTAL 20 MIN

しょうがをきかせた薄味煮もの、スパイシーな香り引き立つ炒めものの楽しいコンビ。

材料（4食分）と下ごしらえ

ほっとくメイン **鶏そぼろと大根のうま煮**
▶冷蔵4～5日

鶏ひき肉	200g
大根（ピーラーで細長く切る*）	1/4本（250g）
Ⓐ おろししょうが	小さじ1
水	1/4カップ
和風だしのもと（顆粒）	小さじ1
しょうゆ、みりん	各大さじ2

① 耐熱ボウルにⒶを混ぜ、ひき肉、大根を加えて混ぜる。

ほっとくサブ **キャベツとベーコンのカレー炒め**
▶冷蔵4～5日

キャベツ（2cm幅のざく切り）	1/4個（300g）
ベーコン（5mm幅）	4枚
Ⓑ カレー粉	大さじ2
オリーブ油、酒	各大さじ1
しょうゆ	小さじ1
塩、粗びき黒こしょう	各少々

② 耐熱ボウルにキャベツ、ベーコンを入れ、Ⓑを加えて混ぜる。

それぞれのボウルにラップをかぶせる

2つのボウルを電子レンジに入れ、**14分加熱する**。あれば ほっとくメイン に青ねぎをふる。

ここが時短 *ピーラーを使えばあっという間♪

型いらずミートローフ＋スパイシーフライドポテト

調理時間 TOTAL 40MIN

オーブンならこんな魅力的なメニューもカンタン。持ちよりにもおすすめです。

オーブン

材料（4食分）と下ごしらえ

ほっとくメイン 型いらずミートローフ

▶冷蔵4～5日 ▶冷凍OK

合いびき肉	300g
さやいんげん（5㎜幅）	5本
にんじん（みじん切り）	大1/4本（50g）
玉ねぎ（みじん切り）	1/2個（100g）
ベーコン（3枚は半分の長さ）	3と1/2枚

A
卵	1個
みそ、マヨネーズ	各大さじ1
粗びき黒こしょう	少々

① ボウルにひき肉、さやいんげん、にんじん、玉ねぎ、Aを入れてよく混ぜる。

ほっとくサブ スパイシーフライドポテト

▶冷蔵5～6日

じゃがいも（よく水洗いをし、皮つきのまま6～8つ割り）	4個（600g）

B
オリーブ油	大さじ2
洋風スープのもと（顆粒）	小さじ1
塩、粗びき黒こしょう	各少々
チリパウダー	少々

オーブン用シート2枚を天板に敷く。じゃがいもを置き、Bをふる。①を置き、なまこ状に形を整えてベーコンを重ねる。オーブンで**30分焼く**。

レンジでアクアパッツァ
＋キャベツのアンチョビソテー

ほっとくメイン

たらや鮭など
ほかの切り身もよく合う。

シンプルだけど
しみじみおいしい。

おしゃれイタリアンメニュー２品も、レンジで手早く作れます。
にんにく風味のアクアパッツァ、アンチョビのうまみがきいたソテー。
味も見た目もパーフェクト。

材料（４食分）と下ごしらえ

ほっとくメイン　レンジでアクアパッツァ
▶冷蔵３～４日　▶冷凍ＯＫ

- 鯛の切り身（半分の長さ）……4切れ（400g）
- ミニトマト（へたを取って縦半分）……6個
- むきあさり缶※……1缶（125g）
- にんにく（みじん切り）……1かけ

Ⓐ
- 白ワイン……大さじ3
- オリーブ油……大さじ2
- 塩、粗びき黒こしょう……各少々

② 耐熱ボウルに鯛を入れ、Ⓐを加えてあさりを缶汁ごと加える。トマト、にんにくを散らす。

ほっとくサブ　キャベツのアンチョビソテー
▶冷蔵３～４日　▶冷凍ＯＫ

- キャベツ（２㎝幅のざく切り）……1/4個（300g）
- アンチョビ缶（みじん切り）……4切れ

Ⓑ
- にんにくのみじん切り……1かけ分
- 赤唐辛子の小口切り……1本分
- オリーブ油……大さじ2
- 塩、粗びき黒こしょう……各少々

① 耐熱ボウルに、キャベツ、アンチョビ、Ⓑを混ぜる。

2つのボウルを電子レンジに入れ、**10分加熱する**。あれば ほっとくメイン にパセリをふる。

ここが時短　※あさりは缶詰を使えば、下処理いらず。

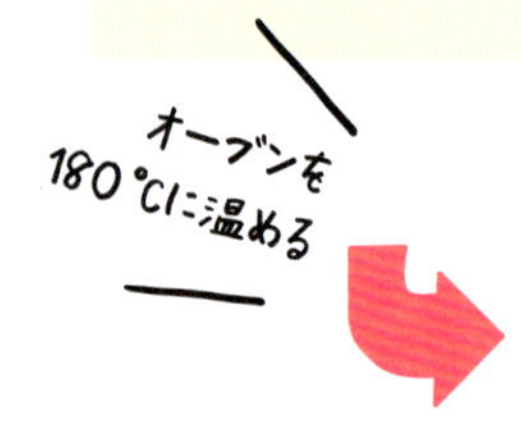

調理時間 TOTAL 30MIN

サーモンのごまマヨ焼き ＋ たっぷり野菜オムレツ

オーブンにおまかせの豪華2品。おもてなしにもおすすめ。

材料（4食分）と下ごしらえ

ほっとくメイン サーモンのごまマヨ焼き

▶冷蔵3～4日 ▶冷凍OK

生鮭の切り身* ……4切れ（400g）
玉ねぎ（みじん切り） ……1/4個（50g）

A
- 粉チーズ ……大さじ2
- 白いりごま ……大さじ1
- マヨネーズ ……大さじ4
- 粗びき黒こしょう ……少々

① ボウルに玉ねぎを入れ、Aを加えて混ぜる。

ほっとくサブ たっぷり野菜オムレツ

▶冷蔵3日 ▶冷凍OK

卵（ボウルに溶きほぐす） ……3個
ピーマン（5mm角） ……1個（35g）
玉ねぎ（5mm角） ……1/2個（100g）
ウインナソーセージ（5mm幅） ……4本（80g）

B
- 牛乳 ……1/4カップ
- 塩、粗びき黒こしょう ……各少々

オリーブ油 ……適量

② 卵にピーマン、玉ねぎ、ウインナ、Bを加えて混ぜる。オリーブ油をぬった耐熱容器に流し入れる。

オーブンを180℃に温める

天板にほっとくサブを置く。オーブン用シート1枚を敷いて鮭を置き、①を等分にぬる。オーブンで**20分焼く**。

ここが時短 *下処理いらずの切り身魚は、時短するのにもってこい。

調理時間 TOTAL 40MIN

サーモンのハーブチーズグリル＋アコーデオンポテト

すごく手が込んでそうに見えて実は超カンタン。ぜひレパートリーに加えて。

材料（4食分）と下ごしらえ

ほっとくメイン サーモンのハーブチーズグリル

▶冷蔵3～4日 ▶冷凍OK

生鮭の切り身……4切れ（400g）

A ミックスハーブ（乾燥）、粉チーズ、オリーブ油……大さじ1
塩、粗びき黒こしょう……少々

① ポリ袋に鮭、Aを入れてもみ込み、10分おく。

ほっとくサブ アコーデオンポテト

▶冷蔵4～5日

じゃがいも……4個（600g）

② よく水洗いをして水けをふき、菜箸2本にのせ、切り落とさないように2～3㎜幅の切り込みを入れる。

B おろしにんにく……小さじ2
オリーブ油……大さじ3
塩、こしょう……各少々

③ ボウルにBを混ぜる

バター……20g

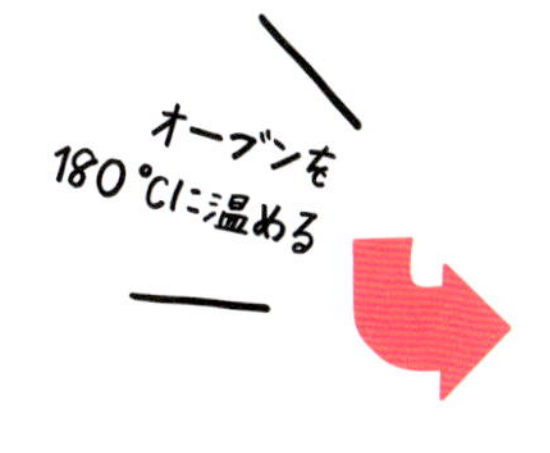

オーブン用シート2枚を天板に敷く。②を置いて切り込みに③をかけ、4等分に切ったバターをのせる。ほっとくメインを置く。オーブンで**15分焼く**。ほっとくメインを**取り出し**、さらにほっとくサブを**15分焼く**。

調理時間 TOTAL 25 MIN

さんまのにんにくパン粉焼き ＋ れんこんのかりかりチーズ

さんまの新しい食べ方発見。しゃっきりれんこんとの相性もばっちりです。

材料（4食分）と下ごしらえ

ほっとくメイン　さんまのにんにくパン粉焼き

▶冷蔵3～4日

さんま……4尾

Ⓐ 塩、粗びき黒こしょう……各少々

① さんまは頭を切り落とし、腹に切り目を入れて内臓をかき出す。水洗いをして水けをふき、Ⓐをふる。

Ⓑ おろしにんにく……小さじ1
パセリのみじん切り（乾燥）……小さじ1
パン粉、オリーブ油……各大さじ3

② ボウルに、Ⓑを混ぜる。

ほっとくサブ　れんこんのかりかりチーズ

▶冷蔵3～4日

れんこん（5㎜幅の半月切り）……300g
ピザ用チーズ……100g

Ⓒ 塩、こしょう……各少々

オーブンを180℃に温める

オーブン用シート2枚を天板に敷く。れんこんを置いてⒸをふり、ピザ用チーズをかける。①を置き、Ⓑを等分にぬる。オーブンで**15分焼く**。

味しみぶり大根＋やみつきツナピー

白いご飯が恋しくなる、絶品おかずの組み合わせ。ぶりが旬の冬に食べたい。

材料（4食分）と下ごしらえ

ほっとくメイン 味しみぶり大根
▶冷蔵3～4日

ぶりの切り身（3等分）……4切れ（400g）
大根（1cm幅のいちょう切り）……10cm（250g）
しょうが（せん切り）……1かけ

Ⓐ 砂糖、酒、しょうゆ……各大さじ5

② 耐熱ボウルにⒶを混ぜ、ぶり、大根、しょうが加えて混ぜる。

ほっとくサブ やみつきツナピー
▶冷蔵3～4日 ▶冷凍OK

ピーマン（縦にせん切り★）……5個（175g）
ツナ缶（汁けをきる）……小1缶（70g）

Ⓑ 削り節……1/2袋（2g）
みりん、しょうゆ、ごま油……各大さじ1

① 耐熱ボウルにピーマン、ツナを入れ、Ⓑを加えて混ぜる。

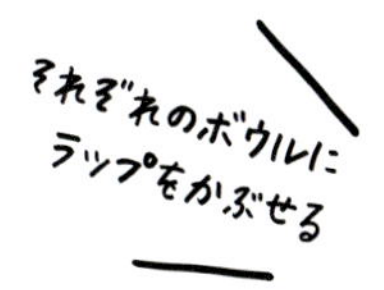

2つのボウルを電子レンジに入れ、**8分加熱**する。ほっとくサブ**を取り出し**、さらにほっとくメインを**12分加熱**する。

もっと時短 ★ピーマンはもっと大ぶりに切ってもOK。

あさりのごちそう酒蒸し ＋ きのこのおかかつくだ煮

熱燗やキンと冷やした冷酒にもおすすめの2品。素材のおいしさが味わえます。

材料（4食分）と下ごしらえ

ほっとくメイン あさりのごちそう酒蒸し

▶冷蔵3日

あさり（殻つき・砂出し済み）	300g
たけのこの水煮（薄切り）	100g
厚揚げ（2㎝角に切る）	2枚（400g）

A

酒	1/2カップ
めんつゆ（ストレート）	大さじ4

① 耐熱ボウルにAを混ぜ、あさり、たけのこ、厚揚げを加えて混ぜる。

ほっとくサブ きのこのおかかつくだ煮

▶冷蔵1週間 ▶冷凍OK

しめじ（ほぐす）	1パック（100g）
えのきだけ（半分の長さ）	1袋（100g）
生しいたけ（薄切り）	5枚（100g）

B

削り節	1/2袋（2g）
みりん、しょうゆ	大さじ1
砂糖、酢	小さじ1

② 耐熱ボウルにBを入れて混ぜ、きのこを加えて混ぜる。

2つのボウルを電子レンジに入れ、**20分加熱**する。あればほっとくサブに青ねぎをふる。

ボリュームえびチリ＋なすとちくわのオイスター炒め

調理時間 TOTAL 30MIN

大人気のえびチリは、ブロッコリーでかさ増ししてヘルシーに。

材料（4食分）と下ごしらえ

ほっとくメイン ボリュームえびチリ

▶冷蔵4～5日 ▶冷凍OK

むきえび*（片栗粉大さじ2をまぶす）……500g
ブロッコリー（小房に分ける）……1株（200g）
長ねぎ（みじん切り）……1本

Ⓐ トマトケチャップ……120mℓ
砂糖、しょうゆ、酒、酢……各大さじ2

② 耐熱ボウルにⒶを混ぜ、えび、ブロッコリー、長ねぎを加えて混ぜる。

ほっとくサブ なすとちくわのオイスター炒め

▶冷蔵4～5日 ▶冷凍OK

なす（乱切り）……2本（160g）
ちくわ（乱切り）……4本（120g）

Ⓑ 水……1カップ
オイスターソース、みりん、片栗粉……各大さじ1
鶏がらスープのもと（顆粒）、ごま油……各小さじ1

① 耐熱ボウルにⒷを混ぜ、なす、ちくわを加えて混ぜる。

それぞれのボウルにラップをかぶせる

2つのボウルを電子レンジに入れ、**20分加熱**する。

もっと時短 *冷凍のえびやシーフードミックスを使っても。

ほうれん草とサーモンのキッシュ
＋きのこのバターじょうゆ

ほっとく
メイン

サーモンとチーズの
うまみぎっしり。

ほっとく
サブ

バターじょうゆの
鉄板味で決まり。

あこがれメニューもオーブンで一度に作れます。
容器ごと持ちよりすれば、人気独占、まちがいなし。

材料（4食分）と下ごしらえ

ほっとくメイン　ほうれん草とサーモンのキッシュ

▶冷蔵3日

卵（ボウルに溶きほぐす）………………… **3個**
ほうれん草（3cm長さ）……………… **1/4束**（50g）
スモークサーモン（3等分）……… **2枚**（60g）
玉ねぎ（縦に薄切り）……………… **1/4個**（50g）

Ⓐ **生クリーム**……………………………**3/4カップ**
塩……………………………………**小さじ1/4**
粗びき黒こしょう……………………………**少々**

② 卵にⒶを加えて混ぜ、ほうれん草、サーモン、玉ねぎを加えて混ぜる。

パイシート（冷凍・室温にもどす*）………… **1枚**（160g）
オリーブ油…………………………………………**適量**
ピザ用チーズ………………………………………**40g**

③ 耐熱容器にオリーブ油をぬり、パイシートをのばしながら敷き詰め、②を流してピザ用チーズを散らす。

ほっとくサブ　きのこのバターじょうゆ

▶冷蔵4～5日　▶冷凍OK

まいたけ（ほぐす）…… **1と1/2パック**（150g）
エリンギ（4cm長さに切って縦に薄切り）
……………………………… **1と1/2パック**（150g）

バター…………………………………………**20g**
しょうゆ……………………………………**大さじ1**

① アルミホイル2枚にきのこを等分にのせてバターを置き、しょうゆをかけて包む。

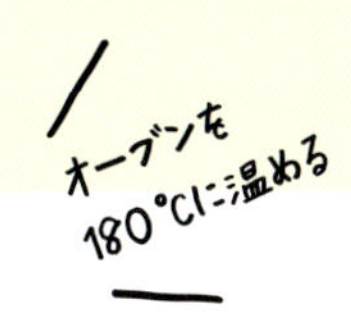

天板にほっとくメイン、ほっとくサブを置く。オーブンで**15分焼く**。
ほっとくサブ**を取り出し**、さらにほっとくメインを**15分焼く**。あればほっとくサブにパセリをふる。

ここが時短　*冷凍パイシートを使うと手軽に本格味。

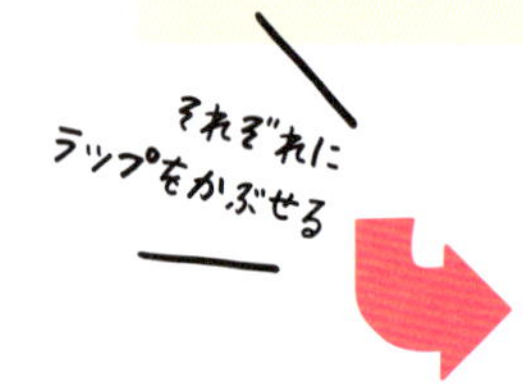

調理時間 TOTAL 20MIN

なめらか茶碗蒸し＋定番きんぴら

こんなストックがあれば、おなじみ和食がいつでも楽しめます。

材料（４食分）と下ごしらえ

ほっとくメイン　なめらか茶碗蒸し

▶冷蔵３日

卵（ボウルに溶きほぐす）……2個

Ⓐ
- 小松菜（3㎝長さ）……1/3束（100g）
- かまぼこ（薄切り）……5枚（50g）
- ゆでぎんなん……5個
- 鶏ひき肉……50g

② 耐熱容器にⒶを入れる。

Ⓑ
- 水……1と1/2カップ
- 和風だしのもと（顆粒）……小さじ1
- みりん……小さじ2
- 薄口しょうゆ……大さじ1

③ 卵にⒷを加えて混ぜ、ざるで漉しながら②に注ぎ入れる。

ほっとくサブ　定番きんぴら

▶冷蔵１週間　▶冷凍ＯＫ

ごぼう（ささがき）……1本（150g）
にんじん（せん切り）……大1/2本（100g）

Ⓑ
- しょうゆ、酒、みりん、砂糖……各大さじ1
- ごま油……小さじ1

① 耐熱ボウルにごぼう、にんじんを入れ、Ⓑを加えて混ぜる。

白いりごま……少々

それぞれにラップをかぶせる

2つの電子レンジに入れ、**10分加熱**する。ほっとくサブにごまをふる。

キャベツとベーコンの巣ごもり卵 ＋ さつまいもの甘じょっぱ煮

調理時間 TOTAL 20MIN

野菜がたっぷり食べられるうれしい組み合わせ。朝食やおやつにも大活躍。

材料（4食分）と下ごしらえ

ほっとくメイン キャベツとベーコンの巣ごもり卵

▶冷蔵3日

卵 …… 4個
キャベツ（せん切り）…… 1/2個（600g）
ベーコン（5㎜幅）…… 8枚

A 洋風スープのもと（顆粒）…… 大さじ1
塩、こしょう …… 各少々

② 耐熱容器にキャベツ、ベーコンを入れ、Aをふって卵を割り入れる。ようじで卵黄に穴をあける。

ほっとくサブ さつまいもの甘じょっぱ煮

▶冷蔵4～5日 ▶冷凍OK

さつまいも（5㎜幅の半月切り*）…… 2本（500g）

B 水 …… 1/2カップ
砂糖 …… 大さじ3
レモン汁 …… 大さじ2
塩 …… 小さじ1

① 耐熱ボウルにさつまいも、Bを入れて混ぜる。

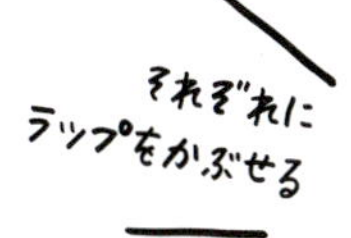

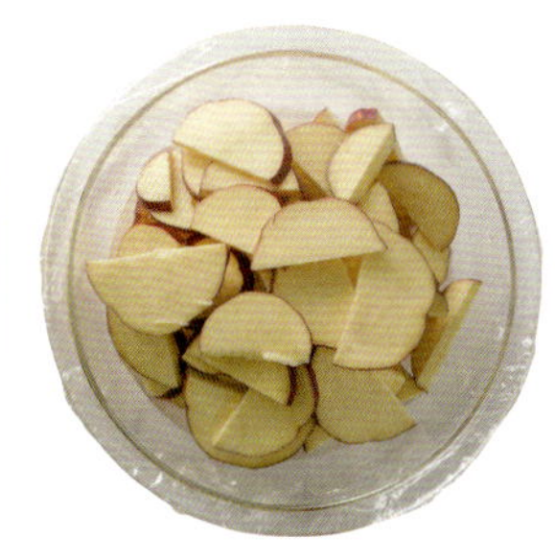

2つを電子レンジ入れ、**13分加熱**する。ほっとくメイン**を取り出し**、さらにほっとくサブを**2分加熱**する。あればほっとくメインにチリパウダーをふる。

ここが時短 *さつまいもは皮つきのまま使ってラクチン。

みそケチャ麻婆豆腐
＋白菜とハムの豆乳スープ

ほっとくメイン　ピリッと豆板醤を加えてアクセント。

ほっとくサブ　キャベツや青梗菜で作ってもイケる。

おなじみの定番中華をおいしくアレンジ。
麻婆豆腐にエリンギ、玉ねぎを加えて、味つけにもひと工夫。
やさしい味わいのスープを添えて完成です。

材料（4食分）と下ごしらえ

みそケチャ麻婆豆腐

▶冷蔵3～4日

- 木綿豆腐（2cm角）…… 1丁（300g）
- エリンギ（みじん切り）…… 2本（80g）
- 玉ねぎ（みじん切り）…… 1/2個（100g）
- 豚ひき肉 …… 200g

Ⓐ みそ、トマトケチャップ※ …… 各大さじ2
　豆板醤、ごま油、砂糖※ …… 各小さじ1

② 耐熱ボウルにエリンギ、玉ねぎ、ひき肉、Ⓐを混ぜ、豆腐をのせる。

ほっとくサブ

白菜とハムの豆乳スープ

▶冷蔵3～4日

- 白菜（1cm幅★）…… 4枚（400g）
- ロースハム（1cm幅）…… 4枚（60g）

Ⓑ 豆乳 …… 3カップ
　鶏がらスープのもと（顆粒）…… 小さじ1
　塩 …… 小さじ1/2
　こしょう …… 少々

① 耐熱ボウルに白菜、ハム、Ⓑを混ぜる。

2つを電子レンジ入れ、**15分加熱**する。あればほっとくサブに青ねぎを散らす。

ここが時短 ※特殊な調味料＆麻婆豆腐のもといらず！

もっと時短 ★白菜はざく切りでもOK。

じゃこと青じその厚揚げピザ
＋アスパラとトマトのガーリックオイル

ビールによし、ワインによしのおかずおつまみです。

調理時間 TOTAL 20MIN

材料（4食分）と下ごしらえ

ほっとくメイン **じゃこと青じその厚揚げピザ**
▶冷蔵3日

厚揚げ（厚みを半分*）……小2枚（400g）
ちりめんじゃこ……20g
青じそ（軸を切る）……4枚

みそ……大さじ2
ピザ用チーズ……40g

① 厚揚げにみそをぬり、ちりめんじゃこ、青じそをのせてピザ用チーズを散らす。

ほっとくサブ **アスパラとトマトのガーリックオイル**
▶冷蔵4～5日 ▶冷凍OK

グリーンアスパラガス
（根元を切り、2cm幅の斜め切り）……4本（80g）
トマト（2cm角）……1個（150g）
にんにく（薄切り）……1かけ

赤唐辛子（小口切り）……1本分
オリーブ油……大さじ2
塩……小さじ1/2

オーブン用シート2枚を天板に敷く。ほっとくメインを置く。アスパラ、トマト、にんにくを合わせて置き、赤唐辛子を散らしてオリーブ油をかけ、塩をふる。オーブンで**15分焼く**。

ここが時短 *厚揚げをピザ生地代わりに使って時短＆ヘルシー。

調理時間 TOTAL 30 MIN

本格チリコンカン + なすのミルフィーユ

思わず人に自慢したくなる、とびっきりの2品です。おしゃれな見た目にも注目。

材料（4食分）と下ごしらえ

ほっとくメイン 本格チリコンカン

▶冷蔵4～5日 ▶冷凍OK

蒸しミックスビーンズ	200g
合いびき肉	100g
にんじん（5㎜角）	1本（150g）
玉ねぎ（5㎜角）	1個（200g）

A
トマト缶（カット）	1缶（400g）
チリパウダー	小さじ2
クミンパウダー、塩	各小さじ1
みりん、ウスターソース	各大さじ1

① Aにミックスビーンズ、ひき肉、にんじん、玉ねぎを加えて混ぜる。

ほっとくサブ なすのミルフィーユ

▶冷蔵4～5日 ▶冷凍OK

なす（5㎜幅）	2本（160g）
ベーコン（4㎝幅）	8枚

② 耐熱容器になす、ベーコンを交互に並べる。

B
しょうゆ	大さじ2
みりん	大さじ1/2
酢	大さじ1/2
ごま油	大さじ1/2

③ Bを②にかける。

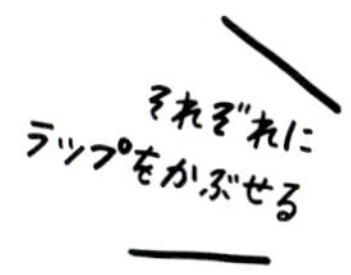

2つを電子レンジ入れ、**10分加熱**する。ほっとくサブ**を取り出し**、さらにほっとくメインを**10分加熱**する。

つくりおきがなくてもなんとかなる ①

缶詰利用のラク早メニュー

おかず

ツナの代わりにさば缶、鮭缶を使っても。

ツナ缶コールスロー

材料（2人分）と下ごしらえ

ツナ缶 …… 小1缶（70g）
コーン缶（ホール）…… 1/2缶（30g）
キャベツ（1cm角）…… 4枚（200g）
Ⓐ 酢 …… 大さじ2
　マヨネーズ、砂糖 …… 各大さじ1

作り方

1. キャベツはボウルに入れ、塩小さじ1（分量外）をふってもみ、10分おく。
2. ボウルに水けを絞った1、ツナを缶汁ごと入れ、汁けをきったコーン、Ⓐを加えて混ぜる。

調理時間 5MIN ＋塩をふっておく時間10分

味つき缶なら、調味料いらず。

焼き鶏缶と大根のうま煮

材料（2人分）と下ごしらえ

焼き鶏缶 …… 1缶（85g）
大根（薄いいちょう切り）…… 5cm（125g）
水 …… 1/2カップ

作り方

1. 耐熱ボウルに焼き鶏を缶汁ごと入れ、大根、分量の水を加えて混ぜる。ラップをかぶせ、電子レンジで10分加熱する。器に盛ってあれば青ねぎをふる。

調理時間 10MIN

買いものに行く時間がない！ というときにも缶詰のストックがあれば、大丈夫。
ゆでたり、炒めたりする下ごしらえの時間も不要です。
おかずも、麺類やご飯もの、デザートも時短で完成します。

クミン、レモン汁でぐっと本格味。

ミックスビーンズのエスニックサラダ

材料（2人分）と下ごしらえ

蒸しミックスビーンズ缶	1缶（100g）
紫玉ねぎ（横に薄切り）	1/4個（50g）
パクチー（3～4cm長さ）	30g
桜えび	10g
Ⓐ オリーブ油	大さじ1
Ⓐ クミンパウダー、レモン汁	各小さじ1
Ⓐ 塩	少々

作り方

1 ボウルにⒶを入れて混ぜ、ミックスビーンズ、紫玉ねぎ、パクチー、桜えびを加えて混ぜる。

調理時間 5 MIN

カンタンでラクうま。おもてなしおつまみ。

アンチョビときのこのペースト

材料（2人分）と下ごしらえ

アンチョビ缶（みじん切り）	30g
エリンギ（みじん切り）	1パック（100g）
まいたけ（みじん切り）	1パック（100g）
Ⓐ おろしにんにく	小さじ1
Ⓐ オリーブ油	大さじ1
Ⓐ 塩、粗びき黒こしょう	各少々

作り方

1 耐熱ボウルにエリンギ、まいたけ、アンチョビ、Ⓐを入れて混ぜ、ラップをかぶせて電子レンジで5分加熱する。器に盛ってあればパセリをふる。トーストしたバゲットにのせて食べる。

調理時間 10 MIN

Side dish

ご飯、麺

めんつゆ使ってさらにカンタン〜。

パパッと親子丼

調理時間 3 MIN

材料（2人分）と下ごしらえ

- 焼き鶏缶……2缶（170g）
- 温かいご飯……茶碗2杯分
- 卵（ボウルに溶きほぐす）……2個
- A めんつゆ（ストレート）……大さじ1
- A 水……1/2カップ

作り方

1. 鍋に焼き鶏を缶汁ごと入れ、Aを加えて混ぜる。
2. 1を中火にかける。煮立ったら卵を回し入れ、半熟になるまで煮る。
3. 器にご飯を盛って2をのせ、お好みで一味唐辛子をふる。

一緒に炊く塩昆布も、味のポイント。

さば缶と梅干しの炊き込みご飯

材料（4人分）と下ごしらえ

- さばの水煮缶……1缶（190g）
- 米（洗ってざるに上げ、水けをきる）……2合（360mℓ）
- 梅干し（種を取り除いて細かくたたく）……3個（50g）
- 塩昆布……10g

作り方

1. 炊飯器に米、さばの水煮の缶汁を入れ、2合の目盛りまで水適量（分量外）を注いで混ぜる。
2. 1にさばの身、梅干し、塩昆布をのせ、ふつうに炊く。大きく全体を混ぜる。

調理時間 30 MIN

いただきものの帆立缶、かに缶でごちそう。

本格もちもち中華おこわ

調理時間 30MIN ＋浸水時間30分

材料（4人分）と下ごしらえ

かに缶 …… 1缶（135g）
帆立缶 …… 1缶（65g）
もち米 …… 2合（360mℓ）
ゆでぎんなん …… 8粒
うずら卵の水煮 …… 8個
Ⓐ オイスターソース、みりん、しょうゆ、ごま油 …… 各大さじ1

作り方

1 もち米は洗ってたっぷりの水に30分つけ、ざるに上げる。

2 炊飯器に1を入れ、かにと帆立の缶汁、Ⓐを加える。2合の目盛りまで水適量（分量外）を注いで混ぜる。

3 2にかに、帆立の身、ぎんなん、うずらの卵をのせ、ふつうに炊く。大きく全体を混ぜる。

豆乳のやさしい甘みと風味でまとめます。

ツナ缶とキャベツの豆乳スパゲッティ

材料（2人分）と下ごしらえ

ツナ缶 …… 小1缶（70g）
スパゲッティ …… 200g
キャベツ（3㎝角） …… 2枚（100g）
Ⓐ 桜えび …… 10g
水、豆乳（無調整） …… 各1カップ
めんつゆ（ストレート） …… 大さじ1
塩 …… 少々

作り方

1 フライパンにツナを缶汁ごと入れて中火で熱し、キャベツを加えて炒める。

2 1にⒶを加え、煮立ったらスパゲッティを半分に折って加えて煮る。スパゲッティがほどよいかたさになったら、味を見て塩少々（分量外）を加える。器に盛ってお好みで粗びき黒こしょうをふる。

調理時間 10MIN

Rice, Noodles

つくりおきがなくてもなんとかなる①　缶詰利用のラク早メニュー

スイーツ

生クリームを加えて濃厚な味わいに。

フルーツヨーグルトムース

調理時間 10MIN ＋冷やす時間1時間以上

材料（4人分）

- ミックスフルーツ缶……1缶（190g）
- プレーンヨーグルト……150g
- 粉ゼラチン……5g
- Ⓐ生クリーム……1/2カップ
- 　砂糖……30g

作り方

1. ボウルに水大さじ2（分量外）を入れ、粉ゼラチンをふり入れてふやかす。
2. 別のボウルにⒶを入れ、とろりとするまで泡立て器で七分立てにする。
3. 1を電子レンジで20秒加熱し、2に加えて混ぜる。フルーツも加えてさらに混ぜる。密閉容器に流し入れ、冷蔵庫で1時間以上冷やしかためる。

手作り白玉のつるんとした食感がたまらない。

白玉ぜんざい

調理時間 10MIN

材料（4人分）

- ゆであずき缶……100g
- 白玉粉……100g
- 水……1/2カップ

作り方

1. ボウルに白玉粉を入れ、分量の水を少しずつ加えてこねる。耳たぶくらいのやわらかさになったらひと口大に丸める。
2. 鍋に熱湯を沸かし、1の真ん中を指で少しへこませてから入れる。浮いてきたら冷水にとって冷まし、水けをきる。
3. 鍋にあずき、水適量（分量外）を入れて中火で温め、2を加えてさっと煮る。

Sweets

PART 2

フライパンひとつでチャチャッと作る

焼くだけ メイン

フライパンで焼いたり、炒めたりして作る時短メインおかず。
どれも身近な素材、調味料で作れるものばかりです。
しかも、調理時間はすべて15分以下。
冷蔵庫にあるものを上手に活用して作ってみてください。

調理時間
15 MIN

甘酢じょうゆ＋こってりマヨの奇跡のコラボ。

揚げないチキン南蛮

材料（4人分）と下ごしらえ　▶冷蔵3日　▶冷凍OK

鶏もも肉（観音開き）……………… 2枚（600g）

① 鶏肉に塩、粗びき黒こしょう各少々（分量外）をふる。

Ⓐ **卵…1個　小麦粉…大さじ4　水…大さじ1**

Ⓑ **おろししょうが…小さじ1　砂糖…大さじ1**
みりん、しょうゆ、酢…各大さじ2

Ⓒ **らっきょう**（みじん切り）…**5個分　ゆで卵**（つぶす）…**1個分　マヨネーズ…大さじ4**

② Ⓐ、Ⓑ、Ⓒをそれぞれ別のボウルに入れて混ぜる。

オリーブ油………………………………… **大さじ2**

フライパンにオリーブ油を中火で熱し、①にⒶをくぐらせて入れ、両面を焼く。Ⓑをかけ、Ⓒを添える。

調理時間
10 MIN
＋つける時間15分

にんにく＋ごま油をきかせたパンチのある味。

鶏肉のねぎ塩レモン焼き

材料（4食分）と下ごしらえ　▶冷蔵4～5日　▶冷凍OK

鶏もも肉（3～4㎝角）…………… 2枚（600g）
長ねぎ（斜め薄切り）……………………1本

Ⓐ **おろしにんにく**……………………**小さじ1**
レモン汁、ごま油………………**各大さじ1**
塩…………………………………………**小さじ1**
粗びき黒こしょう………………………**少々**

① ポリ袋に鶏肉、長ねぎ、Ⓐを入れてもみ*、15分おく。

フライパンを中火で熱して①を入れ、両面を色よく焼く。

ここが時短

*ポリ袋に入れて味つけするからあと片づけもラクチン。

片手で持ってがぶり！ ビールによく合います。

名古屋風甘辛手羽先

材料（4人分）と下ごしらえ　▸冷蔵4～5日　▸冷凍OK

鶏手羽先（骨に沿って切り込みを入れる）……8本（480g）

① 手羽先に小麦粉を適量（分量外）まぶしつける。

サラダ油……大さじ4

A おろしにんにく……小さじ1
酒、みりん、しょうゆ……各大さじ2

B 白いりごま……大さじ1
こしょう……少々

フライパンにサラダ油を中火で熱し、①を入れて両面を揚げ焼きにする。余分な脂をふき、Aを加えて手早くからめ、Bをふる。

悪魔（ディアボロ）のようにクセになるおいしさです。

チキンのディアボロ風

材料（4人分）と下ごしらえ　▸冷蔵4～5日　▸冷凍OK

鶏もも肉（4等分）……2枚（600g）

① 塩小さじ1/3、粗びき黒こしょう少々（分量外）をふる。

玉ねぎ（みじん切り）……1個（200g）

オリーブ油……大さじ1

A おろしにんにく……小さじ1
パセリのみじん切り（乾燥）……小さじ2

B 酢、みりん、しょうゆ……各大さじ2
バター……20g

フライパンにオリーブ油を中火で熱し、鶏肉を入れて両面を焼く。あいているところに玉ねぎ、Aを入れて炒める。Bを加え、とろりとするまで煮る。

調理時間
10 MIN
あれば
イタリアンパセリを
添える。

調理時間
7 MIN

ご飯にも、パンにも合う甘辛おかず。

ケチャがらめとんテキ

材料（4人分）と下ごしらえ　▶冷蔵4～5日　▶冷凍OK

豚ロース肉（とんカツ用・筋を切る）‥ 4枚（480g）

① 豚肉に塩、粗びき黒こしょう各少々（分量外）をふる。

にんにく（薄切り）………………… 1かけ

A トマトケチャップ、ウスターソース… 各大さじ1
砂糖、しょうゆ……………… 各小さじ1

② ボウルにAを混ぜる。

オリーブ油……………… 大さじ1

フライパンにオリーブ油、にんにくを中火で熱し、①を入れて両面を色よく焼く。②を加えてからめる。

調理時間
10 MIN

晩ごはん、弁当、おつまみにとフル活躍。

にらの豚肉ロール

材料（4食分）と下ごしらえ　▶冷蔵3～4日　▶冷凍OK

豚もも薄切り肉………… 12枚（240g）
にら（5cm長さ）………… 1束（100g）

① 豚肉ににらを等分にのせて巻き*、塩、こしょう各少々（分量外）をふる。

A おろししょうが……………… 小さじ1
みりん、しょうゆ………… 各大さじ2
酒……………… 大さじ1

② ボウルにAを混ぜる。

ごま油……………… 大さじ1

フライパンにごま油を中火で熱し、①を入れて転がしながら全体を焼き、ふたをして2分焼く。②を加えてからめる。

もっと時短

*巻かずに食べやすく切って炒めてもおいしい。

さつまいものやさしい甘みが絶妙にマッチ。

豚肉とおさつの甘辛じょうゆ

材料（4食分）と下ごしらえ　▶冷蔵4～5日　▶冷凍OK

豚こま切れ肉……400g
さつまいも（5㎜幅）……1本（250g）

Ⓐ **しょうゆ、みりん、酒**……**各大さじ2**
砂糖、酢……**各大さじ1**

① ボウルにⒶを混ぜる。

オリーブ油……**大さじ1**

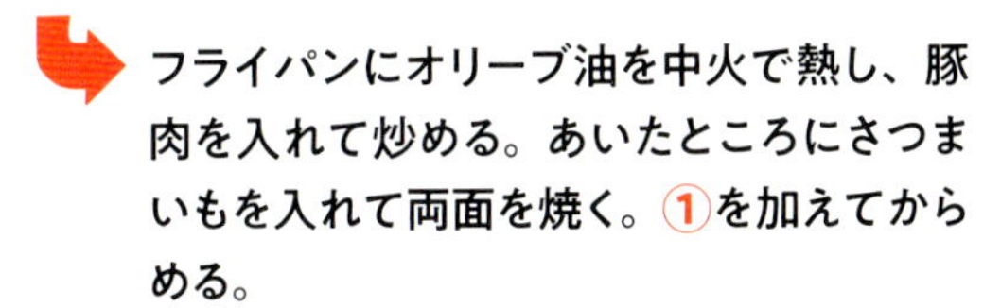

フライパンにオリーブ油を中火で熱し、豚肉を入れて炒める。あいたところにさつまいもを入れて両面を焼く。①を加えてからめる。

調理時間 10MIN

食べるときにチンして、とろ～りチーズに。

ポークタッカルビ

材料（4食分）と下ごしらえ　▶冷蔵3～4日　▶冷凍OK

豚こま切れ肉……400g

Ⓐ **おろしにんにく**……**小さじ1**
酒、みりん、しょうゆ、コチュジャン　各大さじ2

① ポリ袋に豚肉、Ⓐを入れてもみ、10分おく。

キャベツ（せん切り）……4枚（200g）
玉ねぎ（縦にせん切り）……1個（200g）

ごま油……**大さじ1**
ピザ用チーズ……**50g**

フライパンにごま油を中火で熱し、①、キャベツ、玉ねぎを入れて炒める。ふたをして6分蒸し焼きにする。ピザ用チーズを散らして再び蒸し焼きにし、チーズを溶かす。お好みで一味唐辛子をふる。

調理時間 10MIN ＋つける時間10分

調理時間 5 MIN

「シンプルイズベスト」な炒めもの。

牛肉と豆苗のにんにく炒め

材料(4食分)と下ごしらえ　▶冷蔵3～4日　▶冷凍OK

牛切り落とし肉 …… 200g
豆苗(根元を切り落として半分の長さ) …… 1パック(250g)
にんにく(薄切り) …… 1かけ

オリーブ油 …… 大さじ1

A 塩 …… 小さじ1/3
粗びき黒こしょう …… 少々

フライパンにオリーブ油、にんにくを入れて中火で熱し、香り立ったら牛肉、豆苗を加えて炒め合わせる。Aをふって混ぜる。

調理時間 10 MIN ＋つける時間10分

白いご飯にのっけてどんぶりにしても◎

王道プルコギ

材料(4食分)と下ごしらえ　▶冷蔵4～5日　▶冷凍OK

牛切り落とし肉 …… 200g
玉ねぎ(縦に薄切り) …… 1個(200g)
ピーマン(縦に細切り) …… 2個(70g)
しめじ(ほぐす) …… 1パック(100g)

A★ おろしにんにく …… 小さじ2
コチュジャン、しょうゆ、酒、みりん、ごま油 …… 各大さじ2

① ポリ袋に牛肉、玉ねぎ、ピーマン、しめじ、Aを入れてもみ、10分おく。

フライパンを中火で熱し、①を入れてほぐしながら炒める。あればごまをふる。

★Aは焼き肉のたれ大さじ6＋ごま油大さじ2でもOK。

昔ながらの定番おかずは、しみじみ美味。

牛肉とごぼうのしぐれ煮

材料（4食分）と下ごしらえ　▶冷蔵4～5日　▶冷凍OK

牛切り落とし肉……200g
ごぼう（よく水洗いをし、斜め薄切り）……1本（150g）

A おろししょうが……小さじ1
　みりん、しょうゆ……各大さじ2
　砂糖、酒……各大さじ1

① ボウルにAを混ぜる。

ごま油……大さじ1

フライパンにごま油を中火で熱し、牛肉、ごぼうを入れて炒める。牛肉の色が変わったら①を加えてからめる。あれば青ねぎを散らす。

カラフル野菜満載でパッと華やか。

こくウマチャプチェ

材料（4食分）と下ごしらえ　▶冷蔵4～5日　▶冷凍OK

牛切り落とし肉……150g
玉ねぎ（横に5mm幅）……1/2個（100g）
ピーマン（縦に細切り）……2個（70g）
にんじん（細切り）……1/4本（40g）
春雨（乾燥・5～6cm長さ）……50g

ごま油……大さじ1
おろしにんにく……小さじ1/2

A 水……1/2カップ
　しょうゆ……大さじ2
　みりん……大さじ1

フライパンにごま油、おろしにんにくを入れて中火で熱し、香りが立ったら牛肉、玉ねぎ、ピーマン、にんじんを加えて炒め合わせる。Aを加え、煮立ったら春雨を加えて6分ほど煮る。

ギョーザの皮、あん、皮の順に重ねて焼くだけ。

包まないギョーザ

材料（4食分）と下ごしらえ ▶冷蔵3～4日 ▶冷凍OK

豚ひき肉 …… 200g
キャベツ（みじん切り）…… 2枚（100g）
にら（2mm幅）…… 1束（100g）
にんにくのみじん切り …… 1かけ分

A 塩 …… 小さじ1/4
鶏がらスープのもと（顆粒）…… 小さじ1

① ボウルにひき肉、キャベツ、にら、にんにく、Aをよく混ぜる。

ギョーザの皮 …… 20枚
ごま油 …… 大さじ3

フライパンにごま油大さじ2を入れて広げ、ギョーザの皮10枚を敷く。あんをのせて広げ、残りの皮を重ねる。中火にかけて水½カップ（分量外）をまわりに入れ、ふたをして5分蒸し焼きにする。ふたを取って水けを飛ばし、縁からごま油大さじ1を加えてかりっとさせる。半分に切る。

ゆずこしょうの辛さと、みその風味がバツグン。

なす入り豚そぼろ

材料（4食分）と下ごしらえ ▶冷蔵3～4日 ▶冷凍OK

豚ひき肉 …… 300g
なす（5mm角に切る）…… 2本（160g）

A みそ、みりん …… 各大さじ3
酒 …… 大さじ2
ゆずこしょう …… 小さじ1/2

① ボウルにAを混ぜる。

フライパンを中火で熱し、ひき肉、なすを入れて炒める。ひき肉の色が変わったら、①を加えて汁けがなくなるまで炒め煮にする。

見た目のインパクトに負けない深い味。

アスパラ1本つくね焼き

材料(4食分)と下ごしらえ　▶冷蔵3～4日　▶冷凍OK

鶏ひき肉 ………… 200g
グリーンアスパラガス(かたい根元を切り落とす) ………… 4本
長ねぎ(みじん切り) ………… 1本

A
おろししょうが ………… 小さじ1
塩 ………… 少々
片栗粉 ………… 大さじ1

① ボウルにひき肉、長ねぎ、Aを入れてよく混ぜ、アスパラガスの両端をあけて包んで握る。

B
酒 ………… 大さじ2
みりん、しょうゆ ………… 各大さじ1

② 小さなボウルにBを混ぜる。

ごま油 ………… 大さじ1

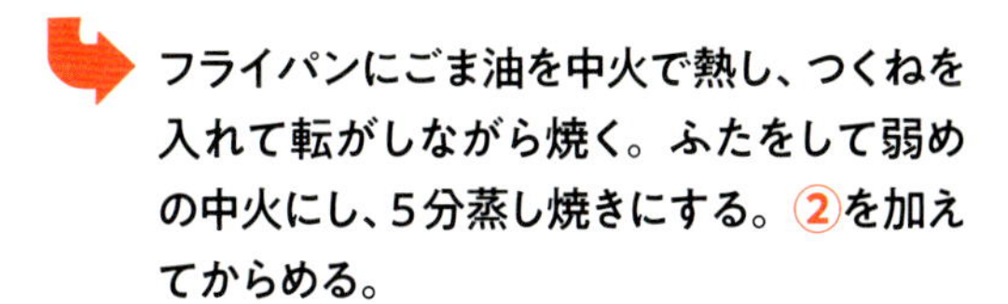

フライパンにごま油を中火で熱し、つくねを入れて転がしながら焼く。ふたをして弱めの中火にし、5分蒸し焼きにする。②を加えてからめる。

すりおろしたれんこんを加えて独特の食感に。

もちもちれんこんバーグ

材料(4食分)と下ごしらえ　▶冷蔵3～4日　▶冷凍OK

合いびき肉 ………… 100g
れんこん(すりおろす) ………… 100g
玉ねぎ(みじん切り) ………… 1/4個(50g)

A
卵…1個　パン粉…30g　マヨネーズ、みそ…各大さじ1　塩、粗びき黒こしょう…各少々

① ボウルにひき肉、れんこん、玉ねぎ、Aを入れてよく混ぜ、4等分にして小判形にまとめる。

オリーブ油 ………… 大さじ1

フライパンにオリーブ油を中火で熱し、①を入れて両面を色よく焼く。弱めの中火にし、ふたをして10分蒸し焼きにする。

フレッシュトマトの簡単ソースでワンランクUP。

たらのポワレ トマトソース

材料（4食分）と下ごしらえ　▶冷蔵3～4日　▶冷凍OK

生だらの切り身（半分の長さ）……4切れ（400g）

① 塩、こしょう各少々（分量外）をふり、皮の面に小麦粉を（分量外）適量まぶしつける。

トマト（粗みじん切り）……1個（150g）

オリーブ油……大さじ1
バター……15g
おろしにんにく……小さじ1

Ⓐ レモン汁…大さじ1　塩、こしょう…各少々

フライパンにオリーブ油を中火で熱し、たらの両面を焼いて火を通し、取り出す。フライパンをふいてバターを中火で溶かし、にんにく、トマトを入れて炒め、Ⓐを加えて混ぜる。たらにソースをかける。

ごま油で焼いてから煮るのが、おいしいコツ。

フライパンさばみそ

材料（4食分）と下ごしらえ　▶冷蔵3～4日　▶冷凍OK

さばの切り身……4切れ（400g）
しょうがのせん切り……1かけ分

Ⓐ 水…3/4カップ　酒…1/2カップ
みりん…1/4カップ　みそ…大さじ2
砂糖…大さじ1　しょうゆ…大さじ1/2

① ボウルにⒶを混ぜる。

ごま油……大さじ1

フライパンにごま油を中火で熱し、さばの両面を焼いてペーパータオルで脂をふき取る。①を加え、落としぶたをして10分煮る。しょうがを加えてさらに5分煮る。

甘めのみそ味をしっかりとからめて。

鮭のちゃんちゃん焼き

材料（4食分）と下ごしらえ　▸冷蔵3～4日　▸冷凍OK

生鮭の切り身（半分の長さ）…… **4切れ**（400g）

① 鮭は塩、こしょう各少々（分量外）をふる。

キャベツ（2㎝幅のざく切り）…… **1/4個**（300g）
玉ねぎ（縦に薄切り）…… **1/2個**（100g）
しめじ（ほぐす）…… **1パック**（100g）

Ⓐ **みそ、みりん** …… **各大さじ3**
酒、しょうゆ …… **各大さじ1**

② ボウルにⒶを混ぜる。

バター …… **20g**

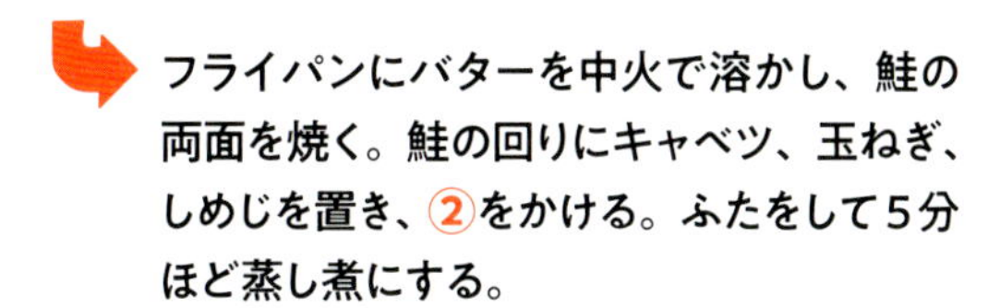

フライパンにバターを中火で溶かし、鮭の両面を焼く。鮭の回りにキャベツ、玉ねぎ、しめじを置き、②をかける。ふたをして5分ほど蒸し煮にする。

つなぎにはんぺんを加えてふわっふわ。

ごちそうえびカツ

材料（4食分）と下ごしらえ　▸冷蔵3～4日　▸冷凍OK

むきえび …… **150g**
はんぺん（2㎝角）…… **1枚**（110g）

Ⓐ **卵…1個　片栗粉、酒…各大さじ1**
塩…小さじ1　こしょう…少々

① フードプロセッサーにえび、はんぺん、Ⓐを入れ、なめらかになるまで攪拌する。

パン粉 …… **適量**

② バットにパン粉を広げる。①をスプーンですくって落とし、パン粉をまぶしつける。

オリーブ油 …… **大さじ4**

フライパンにオリーブ油を中火で熱し、②を入れて両面を揚げ焼きにする。

調理時間
15 MIN

青じそのすがすがしい香りをプラス。

えびとかにかまチーズ春巻き

材料（4食分）と下ごしらえ　▶冷蔵3～4日　▶冷凍OK

えび（殻をむき、背わたを取り除いて、粗く刻む）……8尾（160g）
かに風味かまぼこ（5㎜幅）……5本（50g）
スライスチーズ（5㎜角）……4枚（約70g）
青じそ（軸を切り落としてせん切り）……5枚

A 片栗粉、酒…各大さじ1　塩…小さじ1/2
こしょう…少々

① ボウルにえび、かに風味かまぼこ、スライスチーズ、青じそ、Aを混ぜる。

② 小さなボウルに小麦粉、水各小さじ1（各分量外）を入れて混ぜる。

春巻きの皮……4枚

③ 春巻きの皮で①を包み、②をぬってとめる。

オリーブ油……大さじ4

フライパンにオリーブ油を中火で熱し、③を入れて両面を揚げ焼きにする。

調理時間
7 MIN
＋つける時間：15分

殻ごと焼いてうまみをぎゅっと閉じ込めます。

ガーリックシュリンプ

材料（4食分）と下ごしらえ　▶冷蔵4～5日　▶冷凍OK

えび（殻つき・背に切り込みを入れ、背わたを取り除く）……12尾（240g）

A
にんにくのみじん切り……1かけ分
白ワイン、レモン汁……各大さじ1
オリーブ油……大さじ2
塩……小さじ1/2
粗びき黒こしょう……少々

① ボウルにAを混ぜ、えびを加えてからめ、15分おく。

フライパンに①を調味料ごと入れ、返しながら色が変わるまで4～5分焼く。

焦げたバター＋しょうゆが間違いないおいしさ。

帆立とアスパラのバターじょうゆ

材料（4食分）と下ごしらえ　▶冷蔵3～4日　▶冷凍OK

帆立貝柱 ………… 12個（240g）
グリーンアスパラガス*
（かたい根元を切り落とし、2cm幅の斜め切り）
………… 4本（80g）

Ⓐ しょうゆ、みりん、酒 ………… 各大さじ1

① ボウルにⒶを混ぜる。

バター ………… 10g

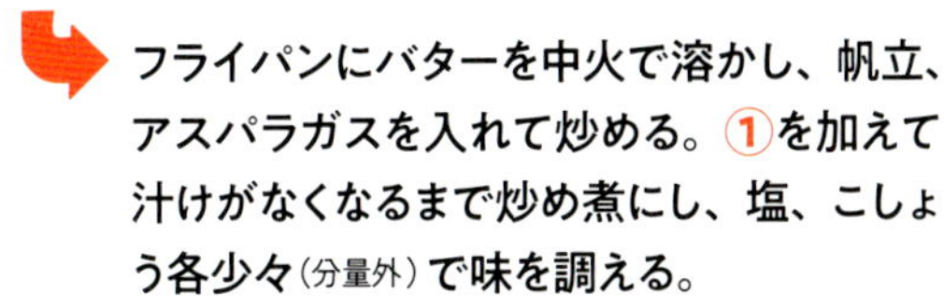
フライパンにバターを中火で溶かし、帆立、アスパラガスを入れて炒める。①を加えて汁けがなくなるまで炒め煮にし、塩、こしょう各少々（分量外）で味を調える。

*アスパラガスは冷凍を使ってもOK。

いかのうまみと歯ごたえが楽しい。

いかと青梗菜のペペロンチーニ

材料（4食分）と下ごしらえ　▶冷蔵3～4日　▶冷凍OK

するめいか（胴は1cm幅に切り、足は食べやすく切る）
………… 1ぱい（250g）
青梗菜（5cm長さ）………… 2株（200g）
にんにく（薄切り）………… 1かけ
赤唐辛子の小口切り ………… 1本分

オリーブ油 ………… 大さじ2
白ワイン ………… 大さじ2

Ⓐ 塩 ………… 小さじ1/3
粗びき黒こしょう ………… 少々

フライパンにオリーブ油、にんにく、赤唐辛子を入れて中火で熱し、香りが立ったらいか、青梗菜を加えて炒め合わせる。白ワインをふってさらに炒め、Ⓐを加えて混ぜる。

ごま油を溶き卵に加えて、ひと味違うおいしさに。

かにかま入りチャイニーズ卵焼き

材料（4食分）と下ごしらえ ▶冷蔵3日 ▶冷凍OK

卵（ボウルに溶きほぐす）	5個
かに風味かまぼこ（手でほぐす）	2本（20g）
青ねぎの小口切り	2本分
Ⓐ しょうゆ、みりん、ごま油	**各小さじ1**

① 卵にかに風味かまぼこ、青ねぎ、Ⓐを入れて混ぜる。

サラダ油	**適量**

卵焼き器にサラダ油をなじませ、①の半量を流し入れて箸で混ぜる。半熟状になったら向こう側から手前に向かって巻く。卵を向こう側に寄せてサラダ油をなじませ、残りの①を流して同様に焼く。

シンプルな塩味で素材をとことん味わう。

ポテト入りボリュームオムレツ

材料（4食分）と下ごしらえ ▶冷蔵3日

卵（ボウルに溶きほぐす）	4個
じゃがいも（細切り★）	2個（300g）
玉ねぎ（みじん切り）	1個（200g）
オリーブ油	**大さじ2**
Ⓐ 塩	**小さじ1**
粗びき黒こしょう	**少々**

フライパンにオリーブ油を中火で熱し、じゃがいも、玉ねぎを入れて炒め、Ⓐをふる。卵を加えて混ぜながら焼き、半熟状になったらふたをして、弱めの中火で5分焼く。返してさっと焼き、8等分に切る。

★じゃがいもは冷凍のフライドポテトを使っても。

ワントーンの組み合わせが激ウマ。

えのきとパプリカのふんわり卵

材料（4食分）と下ごしらえ　▶冷蔵3日　▶冷凍OK

卵（ボウルに溶きほぐす）……4個
えのきだけ（ほぐす）……2袋（200g）
パプリカ（縦に細切り）……1個（150g）

A みそ……大さじ1と1/2
　酒、みりん……各大さじ1

① ボウルにAを混ぜる。

ごま油……大さじ1

フライパンにごま油を中火で熱し、えのき、パプリカを入れて炒める。全体に油が回ったら①を加えてからめ、卵を加えて混ぜながら炒める。

コンソメをきかせた洋風味の炒めもの。

ブロッコリーの卵炒め

材料（4食分）と下ごしらえ　▶冷蔵3日　▶冷凍OK

卵（ボウルに溶きほぐす）……4個
ブロッコリー（小房に分ける）……1株（200g）
ベーコン（5㎜幅）……4枚

A 水、片栗粉、洋風スープのもと（顆粒）……各小さじ1
　塩、こしょう……各少々

① 卵にAを加えて混ぜる。

オリーブ油……大さじ1

フライパンにオリーブ油を中火で熱し、ブロッコリー、ベーコンを入れて炒める。全体に油が回ったら①を流し入れ、混ぜながらさらに炒める。

厚揚げ使えば、水きりいらずでこくウマ。

厚揚げチャンプルー

材料（4食分）と下ごしらえ　▶冷蔵3日

厚揚げ（3cm角）……2枚（400g）
ゴーヤー（縦半分に切って5mm幅）……1本（250g）

① ゴーヤーは塩少々（分量外）をふってもみ、水けを絞る。

豚バラ薄切り肉（3cm幅）……100g
卵（ボウルに溶きほぐす）……1個

② 卵に塩、こしょう各少々（分量外）を加えて混ぜる。

ごま油……大さじ1
しょうゆ……大さじ1
削り節……1/2袋（2g）

フライパンにごま油を中火で熱し、豚肉、厚揚げ、①の順に加えて炒める。②、しょうゆを加えて混ぜながら炒める。削り節を加えて混ぜる。

鶏がらスープ、しょうがを加えて奥深いおいしさ。

厚揚げとなすのオイスター炒め

材料（4食分）と下ごしらえ　▶冷蔵3～4日

厚揚げ（3cm角）……2枚（400g）
なす（ひと口大の乱切り）……2本（160g）

Ⓐ
おろししょうが……小さじ1
酒、みりん……各大さじ2
オイスターソース……大さじ1
鶏がらスープのもと（顆粒）、片栗粉……各小さじ1

① ボウルにⒶを混ぜる。

ごま油……大さじ1

フライパンにごま油を中火で熱し、厚揚げ、なすを入れて炒める。全体に油が回ったら①を加え、煮からめる。

みりんの甘み＋ゆずこしょうの辛みをからめて。

ふんわり豆腐バーグ

材料（4食分）と下ごしらえ　▶冷蔵3～4日

木綿豆腐 ……………………… 1丁（300g）

① 耐熱容器に入れ、ラップをかぶせずに電子レンジで3分加熱し、水けをふく。

鶏ひき肉 ……………………… 200g
長ねぎ（みじん切り）……………… 1本
青じそ（軸を切る）……………… 8枚

Ⓐ **片栗粉、酒…各大さじ1　塩…小さじ1/3**

② ボウルに①、ひき肉、長ねぎ、Ⓐを混ぜる。8等分にして小判形にまとめ、青じそを貼る。

Ⓑ **水…大さじ4　ポン酢じょうゆ…大さじ3**
みりん…大さじ2　ゆずこしょう…小さじ1

③ ボウルにⒷを混ぜる。

サラダ油 ……………………… **大さじ1**

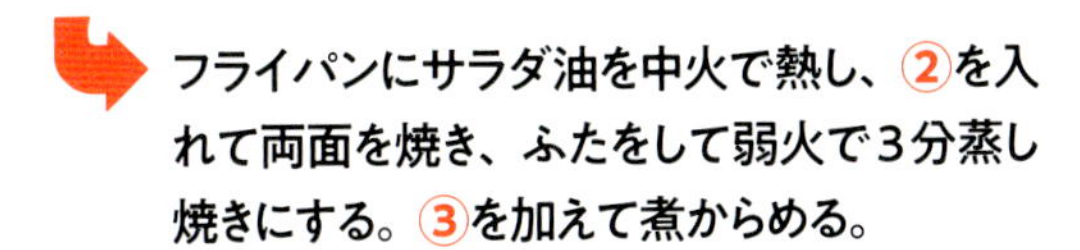
フライパンにサラダ油を中火で熱し、②を入れて両面を焼き、ふたをして弱火で3分蒸し焼きにする。③を加えて煮からめる。

食べ始めたら手が止まらない。

ポテトソイビーンズフライ

材料（4食分）と下ごしらえ　▶冷蔵4～5日　▶冷凍OK

蒸し大豆 ……………………… 200g
じゃがいも（5㎜角）…………… 2個（300g）

片栗粉 ……………………… **適量**

① 大豆、じゃがいもに片栗粉をまぶしつける。

サラダ油 ……………………… **大さじ6**

Ⓐ **洋風スープのもと**（顆粒）………… **小さじ1**
塩、青のり ……………………… **各少々**

フライパンにサラダ油を中火で熱し、①を入れて混ぜながら揚げ焼きにする。こんがりとしたら油をきり、Ⓐをふる。

つくりおきがなくてもなんとかなる ②

乾物利用のありがたメニュー

切り干し大根

いろんな歯ごたえと持ち味が楽しめる。

切り干し大根ときゅうりの塩昆布あえ

調理時間 5MIN ＋もどす時間15分

材料（2人分）

- 切り干し大根（乾燥）……10g
- きゅうり（斜め薄切りにしてからせん切り）……1/2本（75g）
- A 塩昆布……5g
  - 白いりごま……大さじ1
  - 酢……大さじ1
  - ごま油……小さじ1

作り方

1. 切り干し大根は水に15分ほどつけてもどし、水けを絞って5cm長さに切る。
2. ボウルに1、きゅうり、Aを入れて、よく混ぜる。

トーストしたバゲットにのせて食べたい。

切り干し大根のアンチョビオイル漬け

材料（2人分）

- 切り干し大根（乾燥）……20g
- アンチョビ缶（粗く刻む）……1枚（15g）
- A にんにくのみじん切り……1かけ分
  - 赤唐辛子の小口切り……1本分
  - オリーブ油……75mℓ

作り方

1. 切り干し大根は水に15分ほどつけてもどし、水けを絞って5cm長さに切る。
2. アンチョビは耐熱ボウルに入れ、Aを加えて混ぜる。ラップをかぶせて電子レンジで2分加熱する。1を加えて混ぜ、10分以上おく。

調理時間 5MIN ＋もどす時間15分 つける時間10分

「食べるものがない」「買い物に行く時間がない」というときでも、
乾物があれば大丈夫。あり合わせの食材や調味料で
晩ごはんのおかずも、おつまみも、お弁当だって作れます。

ツナ+卵をからめたふんわりやさしい味。

切り干し大根のツナ玉がらめ

材料（2人分）

切り干し大根（乾燥）……20g
ツナ缶（汁けをきる）……小1缶（70g）
卵……1個
めんつゆ（ストレート）……大さじ1

作り方

1 切り干し大根は水に15分ほどつけてもどし、水けを絞って5cm長さに切る。

2 耐熱ボウルに1、卵、めんつゆを入れて混ぜる。ラップをかぶせて電子レンジで3分加熱する。

調理時間 5 MIN +もどす時間15分

Dried radish

具だくさんで食べごたえばっちり。

切り干し大根とサラダチキンのサンドイッチ

材料（2人分）

切り干し大根（乾燥）……10g
食パン（サンドイッチ用）……4枚
サラダチキン（市販・ほぐす）……1パック（70g）
サニーレタス……2枚
トマト（薄切り）……1/2個（75g）
A マヨネーズ……大さじ1
　トマトケチャップ……大さじ1

作り方

1 切り干し大根は水に15分ほどつけてもどし、水けを絞って5cm長さに切る。

調理時間 7 MIN +もどす時間15分

2 ボウルにAを混ぜ、1、チキンを加えて混ぜる。

3 食パン2枚の上に3、サニーレタス、トマトの順に重ね、残りの食パンではさんで、ラップで包んでなじませる。半分に切る。

ひじき

ご飯に混ぜても、ゆでたパスタにからめても。

ひじきの明太子バター

調理時間 3MIN ＋もどす時間15分

材料（2人分）

ひじき（乾燥）……10g
辛子明太子（ほぐす）……1はら（40g）
バター……20g
塩……少々

作り方

1 ひじきは水に15分ほどつけてもどし、水けをきる。

2 フライパンにバターを中火で溶かして1、明太子を入れて炒め、塩をふる。

Hijiki

ちょっとひと手間でごちそうおかず。

ひじきのふわふわがんもどき

調理時間 15MIN ＋もどす時間15分

材料（2人分）

ひじき（乾燥）……5g
木綿豆腐……1/2丁（150g）
Ⓐ にんじん（みじん切り）……1/4本分（35g）
　おろししょうが……小さじ1
　片栗粉……大さじ1
　しょうゆ、みりん……各大さじ1/2
サラダ油……大さじ6

作り方

1 ひじきは水に15分ほどつけてもどし、水けをきる。豆腐は耐熱皿にのせ、電子レンジで3分加熱して水きりをする。

2 ボウルに1、Ⓐを入れてよく混ぜ、4等分にして小判形にまとめる。

3 フライパンにサラダ油を中火で熱し2を入れて両面を揚げ焼きにする。あれば青じそを添える。

高野豆腐

おやつにもなる甘じょっぱおかず。

揚げ高野豆腐のハニーマスタード

調理時間 10 MIN

材料（2人分）

高野豆腐（乾燥・早くもどるもの）……小6個（約20g）

Ⓐ 塩、こしょう……各少々

片栗粉……適量

揚げ油……適量

Ⓑ マスタード、はちみつ……各大さじ1
　マヨネーズ……大さじ2

作り方

1 高野豆腐は水につけてもどし、水けを絞る。Ⓐをふって片栗粉をまぶしつける。

2 揚げ油を170℃に熱して1を入れ、返しながら2〜3分揚げる。油をきって器に盛り、混ぜたⒷをかける。

肉なしでもこくたっぷりでウマい。

高野豆腐の角煮

調理時間 15 MIN

材料（2人分）

高野豆腐（乾燥・早くもどるもの）……小8個（30g）

しょうがのせん切り……10g

Ⓐ しょうゆ……大さじ2
　水……1カップ
　酒、はちみつ……各大さじ1
　砂糖……小さじ1

作り方

1 高野豆腐は水につけてもどして、水けを絞る。

2 鍋にⒶを入れて中火にかけ、煮立ったら1、しょうがを入れる。落としぶたをして弱めの中火で10〜15分煮る。

Koya-tofu

わかめ

ほんのり甘めの酢みそが決め手。

わかめと長ねぎのぬた

調理時間 5MIN

材料（2人分）

- わかめ（乾燥）……5g
- 長ねぎ（5㎜幅の斜め切り）……1本
- Ⓐ白みそ……大さじ2
- Ⓐ砂糖、酢……各大さじ1

作り方

1. わかめは水につけてもどし、水けを絞る。
2. 耐熱ボウルに1、長ねぎを入れ、ラップをかぶせて電子レンジで2分加熱する。
3. ボウルにⒶを入れて混ぜ、水けを絞った2を加えて混ぜる。

seaweed

春雨

にんにく、ナンプラーで個性的な味。

春雨のタイ風サラダ

調理時間 5MIN

Glass noodles

材料（2人分）

- 春雨（乾燥）……30g
- パクチー（5㎝長さ）……20g
- Ⓐ桜えび……5g
- Ⓐ赤唐辛子の小口切り……少々
- Ⓐおろしにんにく……小さじ1/2
- Ⓐナンプラー、レモン汁……各大さじ1/2
- Ⓐ砂糖……小さじ1/2
- Ⓐ塩……少々

作り方

1. 耐熱ボウルに春雨とかぶるくらいの水を入れ、ラップをかぶせて電子レンジで3分加熱し、水けをきる。
2. ボウルに1、パクチー、Ⓐを入れて混ぜる。

PART 3

絶対まねしたい、あえもの、サラダ、浅漬け

混ぜるだけサブ

お手製の特製あえごろもやドレッシングなどで調味する、
野菜のサブおかず。
意外な調味料の合わせワザ、味つけのヒントをお見逃しなく。
下ゆでが必要な野菜も、電子レンジでチンするだけでOKです。

キャベツ

もっと時短 ★あらかじめ切りおきしておけば、さらにスピーディー。

調理時間 7 MIN ＋つける時間10分

ほんのり酸味をきかせて口当たりよく。

キャベツとじゃこのごま油あえ

材料（4食分）と下ごしらえ ▶冷蔵3～4日

キャベツ（1.5㎝幅★） …… 1/4個（300g）

① 塩小さじ1（分量外）をふってもみ、10分おく。

ちりめんじゃこ …… 20g

Ⓐ **酢、しょうゆ、ごま油** …… **各大さじ2**

② 大きめのボウルにⒶを混ぜる。

①の水けを絞り、ちりめんじゃことともに②に加えて混ぜる。

調理時間 5 MIN

ケチャップ＋マヨのオーロラソースで。

キャベツとビーンズのサラダ

材料（4食分）と下ごしらえ ▶冷蔵3日

キャベツ（1.5㎝角★） …… 1/4個（300g）
蒸しミックスビーンズ缶 …… 100g

Ⓐ **マヨネーズ、トマトケチャップ** …… **各大さじ2**
レモン汁 …… **小さじ2**
チリパウダー …… **小さじ1**

① 大きめのボウルにⒶを混ぜる。

①にキャベツ、ミックスビーンズを加えて混ぜる。

ごま＋ごま油でいっそう味わい深く。

キャベツの塩昆布あえ

材料（4食分）と下ごしらえ　▶冷蔵4～5日

キャベツ（ひと口大にちぎる★）……1/4個（300g）

Ⓐ
- **塩昆布**……20g
- **白いりごま**……大さじ1
- **ごま油**……大さじ1

ポリ袋にキャベツ、Ⓐを入れてもみ、冷蔵庫で10分以上つける。

肉料理や魚料理のつけ合わせにおすすめ。

紫キャベツのマリネ

材料（4食分）と下ごしらえ　▶冷蔵3～4日

紫キャベツ（せん切り★）……1/4個（300g）

① 塩小さじ1（分量外）をふってもみ、10分おく。

Ⓐ
- **酢**……大さじ2
- **砂糖、オリーブ油**……各大さじ1

② 大きめのボウルにⒶを混ぜる。

①の水けを絞って②に入れ、混ぜる。

甘めのみそでしっかり味に。

キャベツとツナのみそあえ

材料（4食分）と下ごしらえ　▶冷蔵3～4日

キャベツ（3cm角★）……1/4個（300g）
ツナ缶（汁けをきる）……小1缶（70g）

Ⓐ
- **白いりごま**……大さじ1
- **みそ、みりん**……各大さじ1
- **しょうゆ**……小さじ1

① 大きめのボウルにⒶを混ぜる。

①にキャベツ、ツナを加えて混ぜる。

もっと時短 ★味つけに市販のドレッシングを使うとカンタン♪　お好みのものを使って。

調理時間 5 MIN

クミンのエスニックな香りが決め手。

トマトと玉ねぎの香りサラダ

材料（4食分）と下ごしらえ ▶冷蔵4～5日

- トマト（8等分のくし形切り）……… 2個（300g）
- 玉ねぎ（みじん切り）……………… 1/4個（50g）

Ⓐ★
- パセリのみじん切り（乾燥）……………少々
- オリーブ油、レモン汁……………… 各大さじ1
- クミンパウダー、塩 ……………… 各小さじ1/2

① 大きめのボウルにⒶを混ぜる。

①にトマト、玉ねぎを加えて混ぜる。

調理時間 7 MIN

鮭フレークを加えてうまみと塩けをプラス。

トマトのしょうゆガーリック

材料（4食分）と下ごしらえ ▶冷蔵3～4日 ▶冷凍OK

- トマト（1.5㎝角）…………………… 3個（450g）
- 鮭フレーク（瓶詰）……………………… 20g

Ⓐ★
- おろしにんにく……………………………小さじ1
- しょうゆ ………………………………… 大さじ2
- 砂糖 ……………………………………… 小さじ1
- ごま油 …………………………………… 小さじ2

① 大きめのボウルにⒶを混ぜる。

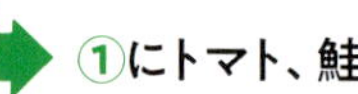

①にトマト、鮭フレークを加えて混ぜる。

まろやかなはちみつの甘さが味のポイント。

ミニトマトのハニーマリネ

材料（4食分）と下ごしらえ　▶冷蔵3～4日　▶冷凍OK

ミニトマト（へたを取り除き、ようじで数か所穴をあける）……16個（240g）

Ⓐ オリーブ油、はちみつ……各大さじ1
　 酢……小さじ2

① 大きめのボウルにⒶを混ぜる。

①にミニトマトを加えて混ぜる。

味と色のコントラストがばっちりです。

トマトとアボカドのシンプルサラダ

材料（4食分）と下ごしらえ　▶冷蔵3～4日

トマト（1㎝角）……2個（300g）
アボカド（1㎝角）……1個（170g）

Ⓐ オリーブ油、酢、砂糖……各大さじ1
　 塩……小さじ1/4
　 こしょう……少々

① 大きめのボウルにⒶを混ぜる。

①にトマト、アボカドを加えて混ぜる。

冷ややっこにかけてもイケます。

トマトの中華風長ねぎあえ

材料（4食分）と下ごしらえ　▶冷蔵3～4日

トマト（8等分のくし形切り）……2個（300g）
長ねぎ（みじん切り）……1本

Ⓐ 酢、しょうゆ……各大さじ2
　 砂糖、ごま油……各大さじ1

① 大きめのボウルにⒶを混ぜる。

①にトマト、長ねぎを加えて混ぜる。

にんじん

ここが時短 *スライサー、ピーラーを使って包丁いらず。

調理時間 5 MIN ＋つける時間10分

ピーラーで薄い細切りして食べやすく。

にんじんとくるみのこくマヨサラダ

材料（4食分）と下ごしらえ ▶冷蔵4～5日

にんじん（ピーラーで細長く切る*） 2本（300g）

① 塩小さじ1（分量外）をふってもみ、10分おく。

くるみ（粗く砕く）……………… 20g

Ⓐ **マヨネーズ**…**大さじ2**
粒マスタード…**大さじ1/2**　**こしょう**…**少々**

② 大きめのボウルにⒶを混ぜる。

①の水けを軽く絞り、くるみとともに②に加えて混ぜる。

調理時間 10 MIN

材料を同じ大きさに切って歯ごたえよく。

にんじんとセロリの２色きんぴら

材料（4食分）と下ごしらえ ▶冷蔵4～5日 ▶冷凍OK

にんじん（5㎜角の棒状）………… 2本（300g）
セロリ（5㎜角の棒状）………… 1本（100g）

Ⓐ **しょうゆ、みりん** ………… **各大さじ2**
酒、ごま油 ………… **各大さじ1**

① 耐熱ボウルにⒶを混ぜ、にんじん、セロリを加えて混ぜる。ラップをかぶせて電子レンジで5分加熱する。

白いりごま ………… **大さじ2**

①にごまを加えて混ぜる。

甘いにんじんをパンチのある味つけで。

にんじんのごま油がーリック

材料（4食分）と下ごしらえ　▶冷蔵4～5日　▶冷凍OK

にんじん（スライサーでせん切り※）…… 2本（300g）

① 塩小さじ1（分量外）をふってもみ、10分おく。

Ⓐ
- **おろしにんにく** …… **小さじ1**
- **ごま油** …… **大さじ1**
- **こしょう** …… **少々**

② 大きめのボウルにⒶを混ぜる。

①の水けを絞って②に加え、混ぜる。

定番のレシピを覚えておくと、いつでも重宝。

キャロットラペ

材料（4食分）と下ごしらえ　▶冷蔵4～5日　▶冷凍OK

にんじん（スライサーでせん切り※）…… 2本（300g）

① 塩小さじ1（分量外）をふって10分おく。

レーズン …… 20g

Ⓐ **酢、オリーブ油…各大さじ1　砂糖…小さじ1**
こしょう…少々

② 大きめのボウルにⒶを混ぜる。

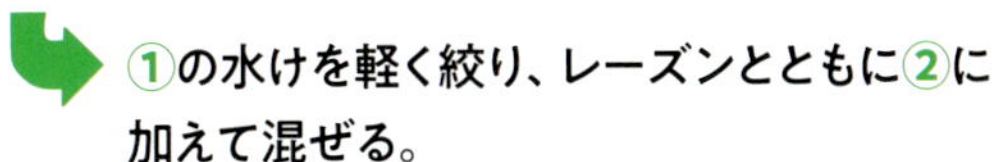

①の水けを軽く絞り、レーズンとともに②に加えて混ぜる。

柿が旬の秋から冬に作りたい。

にんじんの柿なます

材料（4食分）と下ごしらえ　▶冷蔵4～5日　▶冷凍OK

にんじん（薄いいちょう切り）…… 1本（150g）
柿（細切り）…… 1/2個（120g）

Ⓐ
- **酢** …… **大さじ4**
- **砂糖** …… **大さじ2**

① 大きめのボウルにⒶを混ぜる。

①ににんじん、柿を加えて混ぜる。

ピーマン・パプリカ

ここが時短 ※味つけは、おなじみ調味料を混ぜるだけ。

味つけの配合を知っておけば、アレンジ自在。

ピーマンのしみじみおひたし

材料（4食分）と下ごしらえ ▶冷蔵3～4日 ▶冷凍OK

ピーマン（縦半分）……………… 4個（140g）

① 耐熱ボウルに入れ、ラップをかぶせて電子レンジで2分加熱する。

Ⓐ **削り節** …………………… **1/2袋**（2g）
熱湯 …………………… **1/2カップ**
しょうゆ …………………… **大さじ1**
砂糖 …………………… **小さじ1**

② 大きめのボウルにⒶを混ぜる。

 ②に①を加えて混ぜる。

しょうゆ＋ごま油＋こしょうでクセになる味。

ピーマンの和サラダ

材料（4食分）と下ごしらえ ▶冷蔵3～4日 ▶冷凍OK

ピーマン（縦半分に切って横に細切り）‥ 4個（140g）
ちくわ（縦半分に切って薄切り）……… 2本（60g）

① 耐熱ボウルにピーマン、ちくわを入れ、ラップをかぶせて電子レンジで2分加熱する。

Ⓐ **しょうゆ、ごま油** …………………… **各小さじ1**
こしょう …………………… **少々**

➡ ①にⒶを加えて混ぜる。

クミンの香り、はちみつのやさしい甘みが絶妙。

パプリカとズッキーニのピクルス

材料（4食分）と下ごしらえ　▶冷蔵1週間　▶冷凍OK

パプリカ（ひと口大の乱切り）……1個（150g）
ズッキーニ（ひと口大の乱切り）……1本（200g）

Ⓐ
湯、酢……各1/4カップ
はちみつ……大さじ1
クミンパウダー、塩……各小さじ1/2

① 大きめのボウルにⒶを混ぜる。

①にパプリカ、ズッキーニを加えて混ぜる。

ナッツのこく、スイートチリソースで本格味。

パプリカのエスニックサラダ

材料（4食分）と下ごしらえ　▶冷蔵3～4日　▶冷凍OK

パプリカ（横に5㎜幅）……1個（150g）
パクチー（ざく切り）……10g
カシューナッツ（粗く刻む）……10g

Ⓐ
スイートチリソース、オリーブ油……各大さじ1
レモン汁……小さじ1
塩……少々

① 大きめのボウルにⒶを混ぜる。

①にパプリカ、パクチー、カシューナッツを加えて混ぜる。

しょうゆが味をきりりと引き締めます。

パプリカとツナのおかかマヨ

材料（4食分）と下ごしらえ　▶冷蔵3日

パプリカ（縦に5㎜幅）……2個（300g）
ツナ缶（汁けをきる）……小1缶（70g）

Ⓐ
削り節……1/2袋（2g）
マヨネーズ……大さじ2
しょうゆ……小さじ1

大きめのボウルにパプリカ、ツナを入れ、Ⓐを加えて混ぜる。

なす、きゅうり

ここが時短 ※ポリ袋やすりこぎ利用で手間をカット。

調理時間 5MIN ＋つける時間15分

ポリ袋に入れて、もみもみするだけ。

なすのカンタン浅漬け

材料（4食分）と下ごしらえ ▶冷蔵4～5日

なす（4cm長さに切り、縦に1.5cm幅）…4本（320g）
しょうが（せん切り）…20g

Ⓐ 塩…小さじ1
砂糖…小さじ2

ポリ袋※になす、しょうが、Ⓐを入れてもみ、冷蔵庫に15分以上おく。

調理時間 5MIN

にんにく＋コチュジャン＋ごまが最高に合う。

ピリ辛なすナムル

材料（4食分）と下ごしらえ ▶冷蔵3～4日 ▶冷凍OK

なす（縦半分に切って斜めに薄切りにし、さっと水にさらして水けをふく）…4本（320g）

① 耐熱ボウルに入れ、ラップをかぶせて電子レンジで2分加熱する。

Ⓐ 白いりごま…大さじ1
おろしにんにく…小さじ1
しょうゆ、ごま油…各大さじ1
酢…大さじ1/2
コチュジャン…小さじ1/2

② 大きめのボウルにⒶを混ぜる。

②に①を加えて混ぜる。

みんなにウケるにんにく＋しょうが味。

かりかりオイキムチ

材料（4食分）と下ごしらえ ▶冷蔵4～5日

きゅうり（ひと口大の乱切りにする）…2本（200g）

① 塩小さじ1（分量外）をまぶしつける。

しょうが（せん切り）…20g

Ⓐ **白いりごま…大さじ1　おろしにんにく…小さじ1**
コチュジャン、ごま油…各大さじ1/2
砂糖…小さじ1

ポリ袋※に水けを絞った①、しょうが、Ⓐを入れてもみ、冷蔵庫で15分以上つける。

調理時間 5 MIN ＋つける時間15分

レモン汁＋オリーブ油でさわやかな味に。

きゅうりのじゃこサラダ

材料（4食分）と下ごしらえ ▶冷蔵4～5日

きゅうり（縦半分に切り、斜め薄切り※）…2本（200g）
ちりめんじゃこ…20g

Ⓐ **白すりごま…大さじ1　レモン汁…大さじ2**
オリーブ油…大さじ1　砂糖…小さじ2
塩…少々

① 大きめのボウルにⒶを混ぜる。

①にきゅうり、ちりめんじゃこを加えて混ぜる。

調理時間 5 MIN

きゅうりがあるだけでできるうれしいおかず。

たたききゅうりのラー油あえ

材料（4食分）と下ごしらえ ▶冷蔵4～5日

きゅうり（ポリ袋に入れ、すりこぎなどでたたいてひびを入れる※）…2本（200g）

Ⓐ **白いりごま…大さじ1**
塩…小さじ1/2
ラー油…小さじ1/4～1/3

ポリ袋にきゅうり、Ⓐを入れてもみ、冷蔵庫で15分以上つける。

調理時間 5 MIN ＋つける時間15分

きのこ

ここが時短 ＊下ゆではレンジでササッと。

きのこは手に入るものでOK。

いろいろきのこのナムル

材料（4食分）と下ごしらえ ▶冷蔵4～5日 ▶冷凍OK

エリンギ（4㎝長さに切り、縦に1.5㎝幅）……1パック（100g）
生しいたけ（薄切り）……5枚（100g）

① 耐熱ボウルにエリンギ、しいたけを入れて、ラップをかぶせて電子レンジで4分加熱する＊。

Ⓐ 赤唐辛子の小口切り……1本分
おろしにんにく……小さじ1
しょうゆ、ごま油……各大さじ1
酢……大さじ1/2

② 大きめのボウルにⒶを混ぜる。

②に①を加えて混ぜる。

ベーコンのうまみと塩けでこくたっぷり。

まいたけとベーコンの粒マスタードあえ

材料（4食分）と下ごしらえ ▶冷蔵3～4日 ▶冷凍OK

まいたけ（ほぐす）……2パック（200g）
ベーコン（1㎝幅）……3枚

① 耐熱ボウルにまいたけ、ベーコンを入れ、ラップをかぶせて電子レンジで2分加熱する＊。

Ⓐ オリーブ油、酢……各大さじ1
粒マスタード……大さじ1/2
塩……小さじ1/4
粗びき黒こしょう……少々

② 大きめのボウルにⒶを混ぜる。

②に①を加えて混ぜる。

バゲットにのせたり、葉野菜にかけたり。

マッシュルームのオリーブ油漬け

材料（4食分）と下ごしらえ　▶冷蔵1週間　▶冷凍OK

マッシュルーム（薄切り）……………… 100g

① 耐熱ボウルに入れ、ラップをかぶせて電子レンジで2分加熱する※。

Ⓐ **赤唐辛子の小口切り** ………………… **1本分**
おろしにんにく ………………………… **小さじ1**
オリーブ油 ……………………………… **1/2カップ**
塩 ………………………………………… **小さじ1**

② 大きめのボウルにⒶを混ぜる。

②に①を加えて混ぜる。

こんなにカンタンでおいしいんです。

究極なめこおろし

材料（4食分）と下ごしらえ　▶冷蔵3日

なめこ（ざるに入れて流水で洗う）………… 100g
大根（すりおろす）………………… 5㎝（125g）

めんつゆ ……………………………… **大さじ2**

大きめのボウルになめこ、大根を入れ、めんつゆを加えて混ぜる。

ツナ＋おかか＋ごま油でうまみを重ねて。

しめじとツナのウマこくあえ

材料（4食分）と下ごしらえ　▶冷蔵4～5日　▶冷凍OK

しめじ（ほぐす）………………… 3パック（300g）

① 耐熱ボウルに入れ、ラップをかぶせて電子レンジで3分加熱する※。

ツナ缶（汁けをきる）……………… 小1缶（70g）

Ⓐ **削り節** ……………………………… **1/2袋**（2g）
しょうゆ、ごま油 ……………………… **各大さじ1**
砂糖 …………………………………… **小さじ1**

①にツナ、Ⓐを加えて混ぜる。

青菜

ここが時短 ※うまみのある食材を加えて、味に深みを出す。

調理時間 3MIN

洋風メニューに添えたいおしゃれな一品。

ほうれん草と生ハムのチーズサラダ

材料（4食分）と下ごしらえ ▶冷蔵3日

サラダほうれん草（3cm長さ）……1束（200g）
生ハム（半分にちぎる）……8枚

Ⓐ **オリーブ油、酢**……**各大さじ1**
塩……**小さじ1/4**
粗びき黒こしょう……**少々**

① 大きめのボウルにⒶを混ぜる。

粉チーズ※……**少々**

①にほうれん草、生ハムを加えて混ぜ、粉チーズをふる。

調理時間 5MIN

桜えびのうまみがきいた、さっぱりあえもの。

小松菜の桜えびあえ

材料（4食分）と下ごしらえ ▶冷蔵3～4日 ▶冷凍OK

小松菜（5cm長さ）……1束（300g）

① 耐熱ボウルに入れ、ラップをかぶせて電子レンジで3分加熱する。冷水にとって冷まし、水けを絞る。

Ⓐ **桜えび**（乾燥※）……**20g**
ごま油……**大さじ1**
鶏がらスープのもと（顆粒）……**小さじ1/2**

大きめのボウルに①を入れ、Ⓐを加えて混ぜる。

たっぷり焼きのり＋塩とごま油がおいしい秘訣。

コリアンサラダ

材料（4食分）と下ごしらえ　▶冷蔵3～4日

サニーレタス（手でちぎる）……………4枚（120g）
きゅうり（縦半分に切って斜め薄切り）………1本（100g）
焼きのり（定型※）………………………………1枚

Ⓐ ごま油…大さじ2　塩…小さじ1/2

大きめのボウルにサニーレタス、きゅうりを入れ、のりをちぎりながら加える。Ⓐを加えて混ぜる。

細かく刻んださきいかのうまみと食感が新しい。

小松菜とさきいかのサラダ

材料（4食分）と下ごしらえ　▶冷蔵3～4日　▶冷凍OK

小松菜（5㎝長さ）…………………1束（300g）
にんじん（せん切り）……………1/4本（40g）

① 耐熱ボウルに小松菜、にんじんを入れ、ラップをかぶせて電子レンジで4分加熱する。

さきいか（細かく刻む※）………………………20g

Ⓐ 砂糖、しょうゆ………………………各小さじ1

①の水けを絞って大きめのボウルに入れ、さきいか、Ⓐを加えて混ぜる。

ついつい箸が進む、おいしい歯ごたえ。

青梗菜のザーサイあえ

材料（4食分）と下ごしらえ　▶冷蔵3～4日　▶冷凍OK

青梗菜（3㎝長さ）…………………1束（300g）

① 耐熱ボウルに入れ、ラップをかぶせて電子レンジで2分加熱する。

ザーサイ（味つき・瓶詰・せん切り※）………50g

Ⓐ ごま油…小さじ1　こしょう…少々

大きめのボウルに①、ザーサイを入れ、Ⓐを加えて混ぜる。

もやし

もっと時短 ★もやしは袋のまま洗って、袋ごとチンするとさらにラク。

調理時間 5 MIN

梅干しのキュンとした酸味がアクセント。

もやしの梅おかかあえ

材料（4食分）と下ごしらえ ▶冷蔵3日 ▶冷凍OK

もやし（ざるに入れて洗い、水けをきる）…1袋（250g）

① 耐熱ボウルに入れ、ラップをかぶせて電子レンジで2分加熱する★。

梅干し（種を取り除き、包丁でたたく）…2個（約30g）

Ⓐ 削り節…1/2袋（2g）
しょうゆ…小さじ1/3

大きめのボウルに①の水けを軽く絞って入れ、梅干し、Ⓐを加えて混ぜる。

調理時間 5 MIN

市販のポン酢じょうゆでかんたん、クイック。

もやしののりポン酢あえ

材料（4食分）と下ごしらえ ▶冷蔵3日 ▶冷凍OK

もやし（ざるに入れて洗い、水けをきる）…1袋（250g）

① 耐熱ボウルに入れ、ラップをかぶせて電子レンジで2分加熱する★。

焼きのり（定型）…1枚

Ⓐ 白いりごま、ポン酢しょうゆ（市販）、ごま油…各大さじ1

大きめのボウルに①の水けを軽く絞って入れ、のりをちぎりながら加える。Ⓐを加えて混ぜる。

ごまの風味、こってりマヨでさらにおいしくなる。

豆もやしとハムのごまマヨネーズ

材料（4食分）と下ごしらえ ▶冷蔵3日

豆もやし（ざるに入れて洗い、水けをきる）……1袋（250g）

① 耐熱ボウルに入れ、ラップをかぶせて電子レンジで2分加熱する★。

ロースハム（5㎜幅）……4枚

A 白すりごま…大さじ1　マヨネーズ…大さじ3
塩、こしょう…各少々

大きめのボウルに①の水けを軽く絞って入れ、ロースハム、Aを加えて混ぜる。

チンした豆もやしをピリ辛味であえるだけ。

豆もやしのコチュジャンあえ

材料（4食分）と下ごしらえ ▶冷蔵3日 ▶冷凍OK

豆もやし（ざるに入れて洗い、水けをきる）…1袋（250g）

① 耐熱ボウルに入れ、ラップをかぶせて電子レンジで2分加熱する★。

A ごま油…大さじ1　コチュジャン…小さじ1
塩…小さじ1/2

大きめのボウルに①の水けを軽く絞って入れ、Aを加えて混ぜる。

もやしのしゃっきり、明太子のぷちぷちが楽しい。

もやしの明太子あえ

材料（4食分）と下ごしらえ ▶冷蔵3日 ▶冷凍OK

もやし（ざるに入れて洗い、水けをきる）…1袋（250g）

① 耐熱ボウルに入れ、ラップをかぶせて電子レンジで2分加熱する★。

辛子明太子（ほぐす）……1はら（40g）
青じそ（軸を切り、せん切り）……4枚
オリーブ油……大さじ2

大きめのボウルに①の水けを軽く絞って入れ、明太子、青じそ、オリーブ油を加えて混ぜる。

カリフラワー ブロッコリー

もっと時短 ★冷凍カリフラワーやブロッコリーを使うと、よりらくちん。

調理時間 7 MIN

にんじんの甘み、粒マスタードの酸味と辛みで。

カリフラワーの粒マスタードサラダ

材料（4食分）と下ごしらえ ▶冷蔵4～5日 ▶冷凍OK

カリフラワー（小房に分ける★）……1株（500g）
にんじん（4㎝長さ、5㎜角の棒状）‥1/2本（75g）

① 耐熱ボウルにカリフラワー、にんじんを入れ、ラップをかぶせて電子レンジで4分加熱する。

Ⓐ
- オリーブ油……大さじ2
- 酢、粒マスタード……各大さじ1
- 塩……小さじ1/4
- こしょう……少々

② 大きめのボウルにⒶを混ぜる。

②に①を加えて混ぜる。

調理時間 7 MIN

スパイシーな香りにマヨのこってりが合う。

カリフラワーのカレーマヨあえ

材料（4食分）と下ごしらえ ▶冷蔵3日

カリフラワー（小房に分ける★）……1株（500g）

① 耐熱ボウルに入れてラップをかぶせ、電子レンジで3分加熱する。

Ⓐ
- マヨネーズ……大さじ2
- カレー粉……小さじ2
- 塩、こしょう……各少々

② 大きめのボウルにⒶを混ぜる。

②に①を加えて混ぜる。

甘み、酸味、うまみのバランスが絶妙。

ブロッコリーののり酢あえ

材料（4食分）と下ごしらえ　▶冷蔵4～5日　▶冷凍OK

ブロッコリー（小房に分ける★）……1株（200g）

① 耐熱ボウルに入れ、ラップをかぶせて電子レンジで2分加熱する。

焼きのり（定型）……1枚

Ⓐ 酢…大さじ2　砂糖、しょうゆ…各大さじ1

② ボウルにⒶを混ぜる。

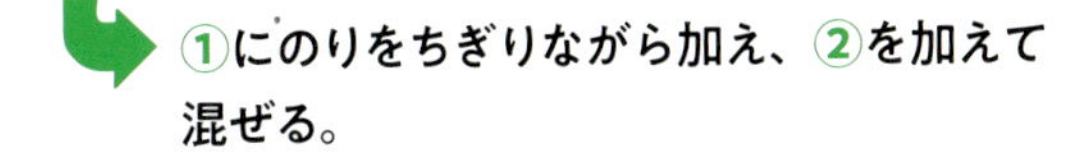
①にのりをちぎりながら加え、②を加えて混ぜる。

こってり肉料理のつけ合わせにいち押し。

ブロッコリーのハーブマリネ

材料（4食分）と下ごしらえ　▶冷蔵4～5日　▶冷凍OK

ブロッコリー（小房に分ける★）……1株（200g）

① 耐熱ボウルに入れ、ラップをかぶせて電子レンジで2分加熱する。

Ⓐ バジル（乾燥）、おろしにんにく……各小さじ1
レモン汁、オリーブ油……各大さじ1
塩……小さじ1/2

② ボウルにⒶを混ぜる。

①に②を加えて混ぜる。

かくし味のしょうゆでご飯にもぴったり。

ブロッコリーのおかかマヨ

材料（4食分）と下ごしらえ　▶冷蔵3～4日

ブロッコリー（小房に分ける★）……1株（200g）

① 耐熱ボウルに入れ、ラップをかぶせて電子レンジで2分加熱する。

Ⓐ 削り節…1/2袋（2g）　マヨネーズ…大さじ3
しょうゆ…小さじ1

② ボウルにⒶを混ぜる。

①に②を加えて混ぜる。

かぶ 大根

もっと時短 ★かぶ、大根は、皮つきのまま切ってもOK。

ごま油を加えて風味バツグン。

かぶのじゃこサラダ

材料（4食分）と下ごしらえ ▶冷蔵4～5日

かぶ（8等分のくし形切り★）……… 4個（320g）

① 耐熱ボウルに入れ、ラップをかぶせて電子レンジで3分加熱する。

Ⓐ ちりめんじゃこ …… 20g
削り節 …… 1/2袋（2g）
ごま油、しょうゆ …… 各大さじ1

①にⒶを加えて混ぜる。

ほんのり酸味、キュートな色合いが魅力。

かぶの赤しそあえ

材料（4食分）と下ごしらえ ▶冷蔵4～5日

かぶ（6等分のくし形切り★）……… 4個（320g）

① 耐熱ボウルに入れ、ラップをかぶせて電子レンジで3分加熱する。

しそふりかけ …… 小さじ2

①にしそふりかけを加えて混ぜる。

栄養満点の大根葉もかしこく使って。

スピードカクテキ

材料（4食分）と下ごしらえ　▶冷蔵1週間

大根（1.5㎝角★）……………… 1/2本（500g）
大根の葉（細かく刻む）……………… 50g

① ボウルに大根、大根の葉を入れ、塩小さじ1（分量外）をからめ、15分おく。

Ⓐ **白いりごま…大さじ1　おろしにんにく…小さじ1　コチュジャン、ごま油…各大さじ1　しょうゆ…小さじ1　砂糖…小さじ1/2**

② 大きめのボウルにⒶを混ぜる。

①の水けを絞り、②に加えて混ぜる。

塩もみした大根はしゃきしゃきの口当たり。

大根の酢じょうゆあえ

材料（4食分）と下ごしらえ　▶冷蔵4～5日

大根（5㎝長さのせん切り★）……… 1/2本（500g）

① 塩小さじ1（分量外）をふってまぶし、10分おく。

Ⓐ **削り節…1/2袋（2g）　酢…大さじ2　しょうゆ…小さじ1**

大きめのボウルに①の水けを絞って入れ、Ⓐを加えて混ぜる。

淡泊な大根が桜えび、塩昆布でうまみアップ。

大根と桜えびの塩昆布あえ

材料（4食分）と下ごしらえ　▶冷蔵4～5日

大根（薄いいちょう切り★）……… 1/2本（500g）

① 塩小さじ1（分量外）をふってまぶし、10分おく。

Ⓐ **桜えび（乾燥）…20g　塩昆布…20g**

ポリ袋に①の水けを絞って入れ、Ⓐを加えてもみ、なじませる。

ごぼう れんこん

ここが時短 ※ごぼう、れんこんは細く薄く切るとスピーディーに火が通る。

＋さらす時間5分

特製のドレッシングであえて極上味。

ごぼうのデリ風和サラダ

材料（4食分）と下ごしらえ ▶冷蔵3日

ごぼう（たわしでこすって洗い、スライサーでせん切り※）……1本（150g）
にんじん（せん切り）……1/2本（75g）

① ごぼうは水に5分ほどさらし、水けをきる。耐熱ボウルにごぼう、にんじんを入れ、ラップをかぶせて電子レンジで3分加熱する。

Ⓐ
- 白いりごま……大さじ1
- マヨネーズ……大さじ3
- 砂糖、酢……各小さじ2
- しょうゆ……小さじ1

② 大きめのボウルにⒶを混ぜる。

②に①を加えて混ぜる。

＋さらす時間5分

ほんのり甘めのごまみそが、おいしくする。

ごぼうのこっくりごまみそあえ

材料（4食分）と下ごしらえ ▶冷蔵4～5日 ▶冷凍OK

ごぼう（たわしでこすって洗い、斜め薄切り※）……2本（300g）

① 水に5分ほどさらし、水けをきる。耐熱ボウルに入れ、ラップをかぶせて電子レンジで3分加熱する。

Ⓐ
- 白いりごま……大さじ2
- みそ……大さじ2
- 砂糖……小さじ2

② 大きめのボウルにⒶを混ぜる。

②に①を加えて混ぜる。

皮つきれんこんでしゃっきりの歯ごたえに。

れんこんのめんつゆきんぴら

材料（4食分）と下ごしらえ　▶冷蔵4～5日　▶冷凍OK

れんこん（5㎜幅の輪切り※）……………… 200g

① 耐熱ボウルに入れ、ラップをかぶせて電子レンジで3分加熱する。

Ⓐ 白すりごま …………………………………… 大さじ1
めんつゆ（ストレート）…………………… 大さじ3

①にⒶを加えて混ぜる。

オリーブ油のこくと風味でおいしさあと押し。

れんこんのゆずこしょうマリネ

材料（4食分）と下ごしらえ　▶冷蔵1週間　▶冷凍OK

れんこん（薄い半月切り※）………………… 200g

① 耐熱ボウルに入れ、ラップをかぶせて電子レンジで2分加熱する。

Ⓐ ゆずこしょう ……………………………… 小さじ1/4
酢……………………………………………… 大さじ2
オリーブ油 …………………………………… 大さじ1
砂糖 …………………………………………… 小さじ1

② 大きめのボウルにⒶを混ぜる。

②に①を加えて混ぜる。

独特の歯ごたえがやみつきになる。

スティックれんこんの塩バター

材料（4食分）と下ごしらえ　▶冷蔵4～5日　▶冷凍OK

れんこん（7㎜角の棒状※）……………… 200g

① 耐熱ボウルに入れ、ラップをかぶせて電子レンジで2分加熱する。

Ⓐ 砂糖 …………………………………………… 小さじ1/3
バター ………………………………………… 10g
塩……………………………………………… 少々

パセリのみじん切り（乾燥）……………………… 少々

①にⒶを加えて混ぜ、パセリをふる。

もっと時短 ★皮むきしないでもOK。

レーズン＋ヨーグルトの合わせワザ。

さつまいものデパ地下サラダ

材料（4食分）と下ごしらえ ▶冷蔵3日

さつまいも（1cm角★）…………大1本（300g）

① 耐熱ボウルに入れ、ラップをかぶせて電子レンジで5分加熱する。

Ⓐ マヨネーズ……………大さじ2
ヨーグルト（加糖）……………大さじ1
塩、こしょう……………各少々

② 大きめのボウルにⒶを混ぜる。

レーズン……………20g

➡ ②に①、レーズンを加えて混ぜる。

調理時間 10 MIN

ほんのり塩けと酸味で上級者の味。

さつまいものクリチーがらめ

材料（4食分）と下ごしらえ ▶冷蔵3日 ▶冷凍OK

さつまいも（5mm幅の半月切り★）大1本（300g）

① 耐熱ボウルに入れ、ラップをかぶせて電子レンジで5分加熱する。

クリームチーズ（1cm角）……………40g

Ⓐ レモン汁……………小さじ1
はちみつ……………大さじ1

➡ ①にクリームチーズを入れ、Ⓐを加えて混ぜる。

いぶりがっこと粒マスタードがいい味出してる。

大人のポテサラ

材料（4食分）と下ごしらえ　▶冷蔵3日

じゃがいも（2cm角）……………… 4個（600g）

① 耐熱ボウルに入れ、ラップをかぶせて電子レンジで5分加熱する。

いぶりがっこ（みじん切り）……………… 50g

Ⓐ **マヨネーズ…大さじ2　塩、こしょう…各少々**
粒マスタード、酢…各小さじ1

② 大きめのボウルにⒶを混ぜる。

②に①、いぶりがっこを入れて混ぜる。

まちがいないおいしさをじっくり堪能。

アンチョビポテト

材料（4食分）と下ごしらえ　▶冷蔵3～4日

じゃがいも（2cm角★）……………… 4個（600g）

① 耐熱ボウルに入れ、ラップをかぶせて電子レンジで5分加熱する。

アンチョビ（粗く刻む）………… 4切れ（60g）

Ⓐ **おろしにんにく…小さじ1**
パセリのみじん切り（乾燥）…少々
オリーブ油…大さじ1　こしょう…少々

①にアンチョビ、Ⓐを入れて混ぜる。

オリーブ油＋レモン汁＋しょうゆが必殺テク。

こくウマタラモ

材料（4食分）と下ごしらえ　▶冷蔵3日

じゃがいも（1cm角）……………… 4個（600g）

① 耐熱ボウルに入れ、ラップをかぶせて電子レンジで5分加熱する。

辛子明太子（ほぐす）……………… 1はら（40g）

Ⓐ **オリーブ油 ……………… 大さじ3**
レモン汁、しょうゆ ……………… 各小さじ1

①に明太子、Ⓐを入れて混ぜる。

つくりおきがなくてもなんとかなる ③

とにかく具材をぶっこみ鍋メニュー

作るものに悩んだら、とにかく冷蔵庫の残りものを鍋に入れて煮込めばよし。
スープや味つけにひと工夫するだけで、ごちそうメニューに仕上がります。

最後にゆでたパスタを入れてどうぞ。

イタリアントマト鍋

材料（2人分）と下ごしらえ

生だらの切り身（3等分の長さ）	2切れ（200g）
ブロッコリー（小房に分ける）	1/2株（150g）
トマト（2cm角）	1個（150g）
Ⓐ トマト缶（カット）	1/2缶（200g）
水	1カップ
洋風スープのもと（顆粒）	小さじ1
こしょう	少々
ピザ用チーズ	20g

作り方

1 鍋にⒶを混ぜ、中火にかける。煮立ったらたら、ブロッコリー、トマトを加えて5分煮る。ピザ用チーズをのせる。

鶏肉や豚肉、
キャベツや白菜でも。

調理時間 10MIN

材料（2人分）と下ごしらえ

鶏もも肉（3~4cm角） …… 1枚（300g）
キャベツ（4cm角） …… 2枚（200g）
長ねぎ（4cm長さの斜め切り） …… 1/2本
A 水 …… 1と1/2カップ
白ワイン …… 1/4カップ
塩 …… 小さじ1
こしょう …… 少々
レモンの輪切り …… 2枚
バター …… 15g

作り方

1 鍋にAを混ぜ、中火にかける。煮立ったら鶏肉、キャベツ、長ねぎを加えて5分煮る。レモン、バターをのせる。

バターの豊かなこく、レモンのさっぱりが絶妙。

チキンとキャベツのレモンバター鍋

Hot-pot

練りごまをたっぷり使って濃厚に。

豚バラと青梗菜のごま豆乳鍋

調理時間 10MIN

材料（2人分）と下ごしらえ

豚バラ薄切り肉（5cm長さ） …… 200g
青梗菜（5cm角） …… 2株（200g）
しめじ（ほぐす） …… 2パック（200g）
A 水 …… 1カップ
練りごま …… 大さじ2
めんつゆ（ストレート） …… 大さじ1
鶏がらスープのもと（顆粒）、ごま油 …… 各小さじ1
豆乳（無調整） …… 1カップ

作り方

1 鍋にAを混ぜ、中火にかける。煮立ったら豚肉、青梗菜、しめじを加えて10分煮る。豆乳を加えて温める。

カキの代わりに帆立やえびでも。

カキと白菜のピリ辛チゲ

調理時間 10 MIN

材料（2人分）と下ごしらえ

カキのむき身……8個
白菜（3㎝幅）……1/8個（250g）
木綿豆腐（4等分）……1/2丁（150g）
A 塩……小さじ1/2
　片栗粉……大さじ1
B 白菜キムチ（3㎝長さ）……100g
　水……2カップ
　コチュジャン……大さじ1
　ラー油……小さじ1
　鶏がらスープのもと（顆粒）……小さじ1

作り方

1 カキにAをふってもみ洗いをする。

2 鍋にBを混ぜ、中火にかける。煮立ったらカキ、白菜、豆腐を加え、5分煮る。

手羽元の骨のうまみがスープにじっくり。

鶏手羽元とたっぷり野菜のサムゲタン

調理時間 10 MIN

材料（2人分）と下ごしらえ

鶏手羽元（骨に沿って切り込みを入れる）……4本
大根（薄いいちょう切り）……5㎝（100g）
水菜（5㎝長さ）……1/2束（100g）
A 酒、塩麹……各大さじ1
B 水……2カップ
　ごま油……大さじ1
　塩……小さじ1

作り方

1 ポリ袋に鶏肉を入れてAをもみ込む。

2 鍋にBを混ぜ、中火にかける。煮立ったら1を調味料ごと加えて大根を加える。ふたをして15分煮る。水菜を加えてさっと煮る。

Hot-pot

PART 4

これがあれば、食卓の充実度がアップする

お助けめし & らくちんデザート

ご飯メニューと食後のおやつ。
この２つがあれば、毎日のごはんがさらに楽しく盛り上がります。
どちらもとてもカンタンなので、心配は無用。
ご飯は炊飯器に米と具を入れて炊くだけ、またはご飯に具を混ぜるだけ。
デザートも冷やしかためたり、チンしたりするだけでできるものばかりです。

お助けめし

具だくさんのごちそうご飯は、朝、昼、晩どんなシーンでも大活躍。炊飯器に米と具を入れる炊き込み、白ご飯に具を混ぜる混ぜ込みの２パターンを紹介します。

※炊飯器は３合炊き以上を使用。

調理時間 30MIN

彩りと香りで食欲が思わずアップ。

鮮やかチキンピラフ

材料（４食分）と下ごしらえ　▶冷蔵３～４日　▶冷凍OK

米（洗ってざるに上げ、水けをきる）…… ２合（360㎖）
鶏もも肉（1.5㎝角）…… 1/3枚（100g）
にんじん（５㎜角）…… 1/4本（35g）
玉ねぎ（みじん切り）…… 1/4個（50g）

Ⓐ 白ワイン…… 40㎖
オリーブ油…… 大さじ１
塩…… 小さじ１
ターメリックパウダー（またはカレー粉）…… 小さじ1/2

① 炊飯器に米を入れ、Ⓐを加えて２合の目盛りまで水適量（分量外）を注ぎ、混ぜる。

①に鶏肉、にんじん、玉ねぎをのせ、ふつうに炊く。全体を大きく混ぜる。

調理時間 30MIN

そのまま食べても、焼きおにぎりにしても。

じゃがバタみそご飯

材料（４食分）と下ごしらえ　▶冷蔵３～４日　▶冷凍OK

米（洗ってざるに上げ、水けをきる）…… ２合（360㎖）

① 炊飯器に米を入れ、２合の目盛りまで水適量（分量外）を注ぐ。

じゃがいも（５㎜角）…… ２個（300g）

Ⓐ 赤みそ…… 大さじ２
バター…… 20g

①にじゃがいも、Ⓐをのせてふつうに炊く。全体を大きく混ぜる。あれば青ねぎをふる。

鶏肉のうまみたっぷりなタイの人気ご飯。

炊飯器でカオマンガイ

材料（4食分）と下ごしらえ ▶冷蔵3～4日 ▶冷凍OK

米（洗ってざるに上げ、水けをきる）‥ 2合（360mℓ）
鶏もも肉（観音開きにしてフォークで皮めを数か所刺す）‥‥ 2枚（600g）

① 鶏肉に酒大さじ1、塩小さじ1/4（各分量外）をまぶしつける。

Ⓐ
- **おろししょうが、おろしにんにく**‥‥ **各小さじ1**
- **鶏がらスープのもと（顆粒）**‥‥ **小さじ1**

② 炊飯器に米を入れ、2合の目盛りまで水適量（分量外）を注ぎ、Ⓐを加えて混ぜる。

Ⓑ
- **長ねぎ（みじん切り）**‥‥ **5cm分**
- **酢、砂糖、みそ**‥‥ **各大さじ1**
- **ナンプラー**‥‥ **小さじ1**

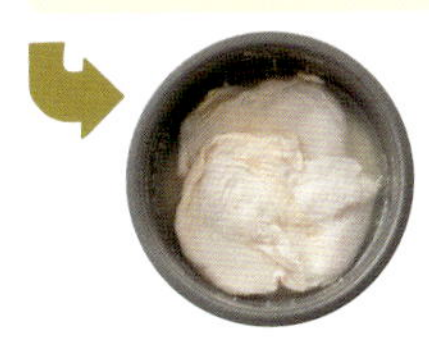

②に鶏肉をのせ、ふつうに炊く。鶏肉は食べやすく切る。ご飯は全体を大きく混ぜる。器にご飯を盛って鶏肉をのせ、混ぜたⒷをかける。お好みでパクチーを添える。

調理時間 30MIN

缶汁も加えてうまみぎゅっ。

ツナとコーンの炊き込み

材料（4食分）と下ごしらえ ▶冷蔵3～4日 ▶冷凍OK

米（洗ってざるに上げ、水けをきる）‥‥ 2合（360mℓ）
ツナ缶‥‥ 小1缶（70g）
コーン缶‥‥ 1缶（65g）

Ⓐ
- **めんつゆ（ストレート）**‥‥ **大さじ2**
- **塩**‥‥ **小さじ1/2**

① 炊飯器に米を入れ、ツナとコーンの缶汁、Ⓐを加える。2合の目盛りまで水適量（分量外）を注ぎ、混ぜる。

①にツナ、コーンをのせてふつうに炊く。全体を大きく混ぜる。

調理時間 30MIN

調理時間 30MIN

しょうが香る和風ご飯。

鮭としめじの炊き込み

材料（4食分）と下ごしらえ　▶冷蔵3〜4日　▶冷凍OK

- 米（洗ってざるに上げ、水けをきる）…… 2合（360㎖）
- 生鮭の切り身 …… 2切れ（200g）
- しめじ（ほぐす）…… 1パック（100g）
- しょうが（せん切り）…… 10g

Ⓐ
- 酒 …… 大さじ2
- しょうゆ …… 大さじ1
- 塩 …… 小さじ1/2

① 炊飯器に米を入れ、Ⓐを加えて2合の目盛りまで水適量（分量外）を注ぎ、混ぜる。

①に鮭、しめじ、しょうがをのせてふつうに炊く。鮭の骨を取り除き、全体を大きく混ぜる。

調理時間 30MIN

トマト缶の甘み、酸味がおいしく広がる。

ウインナのパエリア風

材料（4食分）と下ごしらえ　▶冷蔵3〜4日　▶冷凍OK

- 米（洗ってざるに上げ、水けをきる）… 2合（360㎖）
- ウインナソーセージ（5㎜幅の斜め切り）…… 4本（80g）
- パプリカ（縦に細切り）…… 1個（150g）
- トマト缶（カット）…… 1/2缶（200g）

Ⓐ
- おろしにんにく …… 小さじ1
- オリーブ油 …… 大さじ1
- 洋風スープのもと（顆粒）…… 小さじ1

① 炊飯器に米を入れ、トマト缶の水分だけを加える。2合の目盛りまで水適量（分量外）を注ぐ。Ⓐを加えて混ぜる。

①にソーセージとパプリカ、トマト缶の実をのせて、ふつうに炊く。全体を大きく混ぜて器に盛り、あればパセリをふる。

さっぱりとしていながらも、うまみじんわり。

じゃことベーコンの菜っぱめし

材料（4食分）と下ごしらえ ▶冷蔵3～4日 ▶冷凍OK

温かいご飯 …… 700g
大根の葉（細かく刻む）…… 80g
ベーコン（5mm幅）…… 4枚

① 耐熱ボウルに大根の葉、ベーコンを入れ、ラップをかぶせて電子レンジで2分加熱する。

Ⓐ **ちりめんじゃこ** …… **20g**
しょうゆ …… **小さじ2**

大きめのボウルにご飯を入れ、①、Ⓐを加えて全体を大きく混ぜる*。

調理時間 5MIN

シブめでも、間違いなしの太鼓判。

ツナと塩昆布のバタめし

材料（4食分）と下ごしらえ ▶冷蔵3～4日 ▶冷凍OK

温かいご飯 …… 700g
ツナ缶（汁けをきる）…… 小1缶（70g）

Ⓐ **塩昆布** …… **20g**
塩 …… **小さじ1**
バター …… **20g**

耐熱ボウルにご飯を入れ、ツナ、Ⓐを加えて混ぜる。ラップをかぶせて電子レンジで4分加熱し、全体を大きく混ぜる*。

調理時間 7MIN

*あったかご飯に食材、調味料を混ぜるだけ。

小松菜は青梗菜やきのこに代えても。

明太子と小松菜のご飯

材料（4食分）と下ごしらえ　▶冷蔵3～4日　▶冷凍OK

温かいご飯 ………… 700g
辛子明太子（ほぐす）………… 1はら（40g）
小松菜（細かく刻む）………… 1束（300g）

① 耐熱ボウルに明太子、小松菜を入れ、ラップをかぶせて電子レンジで2分加熱する。

Ⓐ
白いりごま ………… 大さじ2
めんつゆ（ストレート）………… 大さじ2
ごま油 ………… 大さじ1
塩 ………… 少々

大きめのボウルにご飯を入れ、①、Ⓐを加えて全体を大きく混ぜる。

酸味がおいしく広がる。

なめたけと梅肉のご飯

材料（4人分）と下ごしらえ　▶冷蔵3～4日　▶冷凍OK

温かいご飯 ………… 700g
なめたけ（瓶詰*）………… 90g
梅干し（種を取り除いて細かくたたく）…… 2個（30g）
しょうが（せん切り）………… 20g

白いりごま ………… 大さじ1

大きめのボウルにご飯を入れ、なめたけ、梅干し、しょうが、ごまを加えて全体を大きく混ぜる。

*なめたけの瓶詰は、下ごしらえ＆調味料いらず。

少し甘めのすし飯が、ついついあとを引く。

たくあんのちらしずし

材料（4食分）と下ごしらえ ▶冷蔵3～4日 ▶冷凍OK

温かいご飯 …… 700g

Ⓐ 酢、砂糖 …… 各大さじ2
塩 …… 小さじ1/3

① 大きめのボウルにご飯を入れ、混ぜたⒶを加えてさっくりと混ぜる。

たくあん（5㎜角） …… 60g
桜えび …… 20g

白いりごま …… 大さじ2

Ⓑ 錦糸卵（市販）、刻みのり …… 各適量

①にたくあん、桜えび、ごまを加えて全体を大きく混ぜる。器に盛り、Ⓑをのせる。

調理時間 5MIN

具とご飯を混ぜてからチンするだけ。

炒めない焼きめし

材料（4食分）と下ごしらえ ▶冷蔵3～4日 ▶冷凍OK

温かいご飯 …… 700g
焼き豚（5㎜角） …… 50g
長ねぎ（みじん切り） …… 1/2本
卵 …… 2個

Ⓐ 鶏がらスープのもと（顆粒） …… 小さじ2
ごま油 …… 小さじ2
しょうゆ …… 小さじ2
こしょう …… 少々

① 耐熱ボウルにご飯、焼き豚、長ねぎ、卵、Ⓐを加えてよく混ぜる。

①にラップをかぶせ、電子レンジで5分加熱する。全体を大きく混ぜる。

調理時間 7MIN

らくちんデザート

混ぜてかためるだけのひんやりスイーツ、材料をチンするだけでできるおやつなどが勢ぞろい。

調理時間 10MIN

素朴でどこか懐かしい
カンタンおやつ。

レーズン入り蒸しパン

材料（作りやすい分量）と下ごしらえ ▶冷蔵4～5日 ▶冷凍OK

レーズン	30g
Ⓐ **小麦粉**	**100g**
卵	**1個**
牛乳	**60㎖**
砂糖	**30g**
ベーキングパウダー	**4g**

① ボウルにⒶを入れ、泡立て器で粉っぽさがなくなるまでよく混ぜる。レーズンを加えてさらに混ぜ、電子レンジ加熱ができる角形の耐熱容器（容量約500㎖）に流し入れる。

①にラップをかぶせ、電子レンジで7分加熱する。食べやすい大きさに切る。

調理時間 5MIN
＋冷やす時間1時間以上

果物とヨーグルトの酸味が
さわやかに口溶ける。

フルーツヨーグルトアイス

材料（作りやすい分量）と下ごしらえ ▶冷凍1か月

ミックスフルーツ缶	1缶（190g）
プレーンヨーグルト	400g
牛乳	1/2カップ
砂糖	**30g**

① ボウルに材料すべてを入れてよく混ぜる。

密閉容器に①を入れ、ときどき混ぜながら冷凍庫で1時間以上冷やしかため、全体を混ぜる。

ココナッツミルクの
エキゾチックな味わいをプラス。

マンゴーシャーベット

材料（作りやすい分量）と下ごしらえ ▶冷凍1か月

マンゴーピューレ（市販）……200g

Ⓐ **ココナッツミルク**……200g
砂糖……100g

① 耐熱ボウルにⒶを入れ、ラップをかぶせて電子レンジで1分加熱する。

レモン汁……小さじ1

② ①にマンゴーピューレ、レモン汁を加えて混ぜる。

密閉容器に②を入れ、ときどき混ぜながら冷凍庫で1時間以上冷やしかためる。全体を混ぜる。

調理時間 5MIN ＋冷やす時間1時間以上

オリーブ油で作るから、
軽い口当たりで香ばしい。

紅茶のさくさくクッキー

材料（10～15枚分）と下ごしらえ ▶冷蔵1週間 ▶冷凍OK（焼く前の生地）

紅茶の葉……小さじ1

Ⓐ **小麦粉**……100g
きび砂糖、オリーブ油……各40g
ベーキングパウダー……3g
塩……少々

① ボウルに紅茶の葉、Ⓐを入れ、ゴムべらで粉っぽさがなくなるまでよく混ぜる。直径4cmの円筒状にまとめ、ラップで包んで冷蔵庫で30分ねかせる。

② オーブンを170℃に温める。

①を6～7mm幅に切る。オーブン用シートを敷いた天板に並べ、オーブンで15分焼く。

調理時間 20MIN ＋ねかせる時間30分

調理時間 25MIN

甘じょっぱ味だから、
ついつい手がのびる。

塩いもけんぴ

材料（作りやすい分量）と下ごしらえ ▶冷蔵1週間 ▶冷凍OK

さつまいも（よく洗って水けをふき、5㎜角、5㎝長さの棒状）……2本（500g）

① 耐熱ボウルに入れ、ラップをかぶせて電子レンジで3分加熱する。

Ⓐ **砂糖**……100g
水……大さじ3

② 小さめのボウルにⒶを混ぜる。

オリーブ油……大さじ2
塩……小さじ1/3

フライパンにオリーブ油を中火で熱し、①を入れて2分炒める。②を加え、きつね色になるまで炒め、塩をふる。

調理時間 15MIN

シナモンふって食べても、
ヨーグルトにのっけても。

りんごのコンポート

材料（作りやすい分量）と下ごしらえ ▶冷蔵1週間 ▶冷凍OK

りんご（皮をむいて芯を取り除き、16等分のくし形切り）……1個

Ⓐ **砂糖**……30g
レモン汁……小さじ2
水……大さじ1

耐熱ボウルにりんご、Ⓐを入れて混ぜ、ラップをかぶせて電子レンジで8分加熱する*。

*鍋で煮なくても、レンジでおいしくやわらかに。

いちごジャムのソースで
色と味のアクセント。

濃厚パンナコッタ

材料（作りやすい分量）と下ごしらえ ▶冷蔵3～4日

粉ゼラチン ……………… **5g**

① 小さなボウルに水大さじ2（分量外）を入れ、粉ゼラチンを加えてふやかす。

Ⓐ
牛乳 ……………… **1と1/2カップ**
生クリーム ……………… **1カップ**
砂糖 ……………… **50g**
バニラエッセンス ……………… **少々**

② 耐熱ボウルに①、Ⓐを入れて混ぜ、ラップをかぶせて電子レンジで3分加熱する。

Ⓑ
いちごジャム ……………… **大さじ4**
水 ……………… **大さじ4**

密閉容器に②を流し入れ、冷蔵庫で1時間以上冷やしかためる。器に盛り、混ぜたⒷをかける。

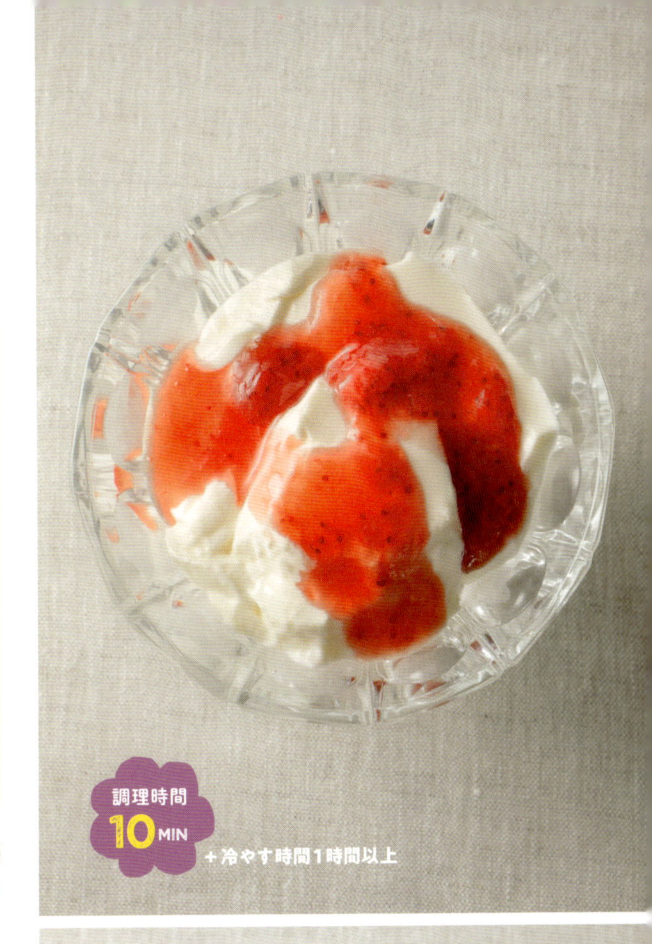

ピリッとしたしょうがが
味わえる本格派。

自家製ジンジャーエール

材料（作りやすい分量）と下ごしらえ ▶冷蔵1週間

しょうが（皮をむいて薄切り） ……………… 100g
レモン（皮をむいて輪切り） ……………… 1個

はちみつ ……………… **200g**
炭酸水 ……………… **適量**

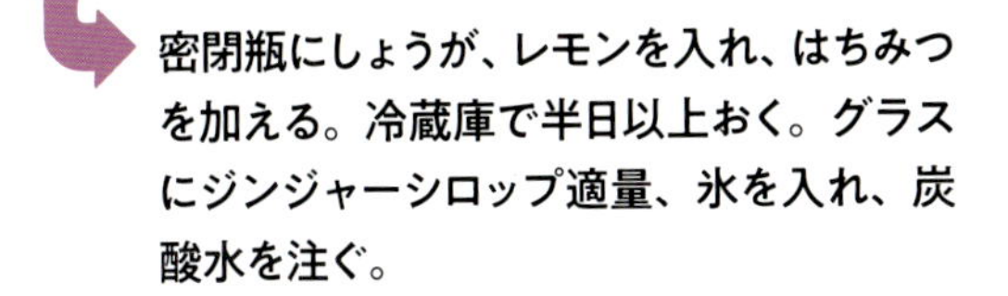

密閉瓶にしょうが、レモンを入れ、はちみつを加える。冷蔵庫で半日以上おく。グラスにジンジャーシロップ適量、氷を入れ、炭酸水を注ぐ。

シロップは湯で割ったり、
ヨーグルトに加えても。
調理時間
5 MIN
+つける時間半日以上

つくりおきがなくてもなんとかなる ④

市販のたれ利用の使えるメニュー

焼き肉のたれやポン酢、ドレッシング。使いかけのまま、冷蔵庫の隅に転がっていませんか。それは実にもったいない話。炒めもの、スープにチャーハンに大活躍します。

焼き肉のたれ

甘辛味とにんにく風味で決まり。

まぐろとアボカドのユッケ

材料（2人分）と下ごしらえ

まぐろ（赤身・1cm角）……100g
アボカド（1cm角）………1/2個
Ⓐ 卵黄…………………1個分
　焼き肉のたれ ….大さじ1
　コチュジャン‥ 大さじ1/2

作り方

1 ボウルにⒶを入れて混ぜ、まぐろ、アボカドを加えて混ぜる。

しょうがを加えてすがすがしく。

チキンのパパッと照り焼き

調理時間 5 MIN ＋もどす時間10分

材料（2人分）と下ごしらえ

鶏もも肉（3cm角）……………1枚（300g）
長ねぎ（4cm長さ）……………………1/2本
Ⓐ おろししょうが…………小さじ1
　焼き肉のたれ ……………大さじ2
　オリーブ油…………………大さじ1

作り方

1 ポリ袋に鶏肉、長ねぎ、Ⓐを入れてもみ、10分おく。

2 フライパンを中火で熱して1を入れ、両面を色よく焼く。袋に残った調味料を加えて煮からめる。

難しい味つけも、カンタンに決まる。

たっぷり野菜のクッパ

調理時間 7 MIN

材料（2人分）と下ごしらえ

ご飯（ざるに入れて水洗いをし、水けをきる）……茶碗2杯分
牛切り落とし肉……100g
もやし（ざるに入れて水洗いをし、水けをきる）……1/2袋（125g）
にんじん（細切り）……1/4本（35g）
ごま油……大さじ1
Ⓐ水……3カップ
　焼き肉のたれ……大さじ2
　コチュジャン……大さじ1
　鶏がらスープのもと（顆粒）……小さじ1/2

作り方

1 鍋にごま油を中火で熱し、牛肉、もやし、にんじんを入れて炒める。全体に油が回ったらⒶを加える。煮立ったらご飯を加え、さっと煮る。器に盛ってあればごまをふる。

調理時間 30 MIN

和風の炊き込みご飯にも重宝します。

牛肉とごぼうの炊き込みご飯

材料（2人分）と下ごしらえ

米……2合（360㎖）
牛切り落とし肉……100g
ごぼう（ささがき）……2/3本（100g）
Ⓐ焼き肉のたれ……大さじ5
　おろししょうが……小さじ1

作り方

1 米は洗ってざるに上げ、水けをきる。

2 炊飯器に1、Ⓐを入れ、2合の目盛りのところまで水適量（分量外）を注ぐ。牛肉、ごぼうをのせてふつうに炊き、大きく全体を混ぜる。

つくりおきがなくてもなんとかなる④ 市販のたれ利用の使えるメニュー

ポン酢じょうゆ

マヨネーズをちょい足しして、深みのある味に。

サーモンとしめじのマヨポン炒め

調理時間 5 MIN ＋もどす時間15分

材料（2人分）と下ごしらえ

生鮭の切り身（ひと口大）	2切れ（200g）
しめじ（ほぐす）	1パック（100g）
A 塩、粗びき黒こしょう	各少々
B ポン酢じょうゆ	大さじ1
マヨネーズ	大さじ1
オリーブ油	大さじ1

作り方

1 鮭にAをふる。

2 ポリ袋に1、しめじ、Bを入れてもみ、10分おく。

3 フライパンにオリーブ油を中火で熱し、2を入れて炒める。器に盛り、あればパセリをふる。

豚バラのこってり、ポン酢のさっぱりが合う。

豚バラのポン酢チャーハン

材料（2人分）と下ごしらえ

温かいご飯	350g
豚バラ薄切り肉（3cm幅）	100g
長ねぎ（みじん切り）	1/2本
ちりめんじゃこ	10g
ごま油	大さじ1
ポン酢じょうゆ	大さじ2
塩、こしょう	各少々

作り方

1 フライパンにごま油を中火で熱し、豚肉、長ねぎを入れて炒める。豚肉の色が変わったらご飯、ちりめんじゃこを加えて炒め合わせ、ポン酢じょうゆを加えてさらに炒める。

2 塩、こしょうで味を調える。

あれば糸切り唐辛子を添える。

調理時間 5 MIN

ドレッシング

ごまドレッシングがあっという間に本格味。

温野菜のバーニャカウダ

調理時間 7MIN

材料（2人分）と下ごしらえ

にんじん（5mm角の棒状）	1/4本（35g）
セロリ（5mm角の棒状）	1/2本（50g）
かぶ（くし形切り）	1/2個（40g）
アンチョビ（刻む）	4切れ（60g）
A ごまドレッシング	大さじ2
おろしにんにく	小さじ1/2
粗びき黒こしょう	少々

作り方

1 アンチョビを器に入れ、Aを加えてよく混ぜる。

2 耐熱皿ににんじん、セロリ、かぶを入れ、ラップをかぶせて電子レンジで3分加熱して、1に添える。

シンプルなフレンチドレッシングの活用法。

入れるだけペペロンチーノ

調理時間 10MIN

材料（4人分）と下ごしらえ

スパゲッティ	200g
にんにく（薄切り）	1かけ
A 赤唐辛子の小口切り	1本分
フレンチドレッシング	大さじ2

作り方

1 鍋に湯2ℓを沸かして塩大さじ1（各分量外）、スパゲッティを入れ、袋の表示どおりの時間でゆでて水けをきる。

2 フライパンににんにくを入れ、Aを加えて中火にかける。煮立ったら1を加えてからめ、器に盛る。あればパセリをふる。

材料別さくいん

鶏肉

揚げないチキン南蛮……74
鮮やかチキンピラフ……124
ささ身の梅しそロール……37
炊飯器でカオマンガイ……125
チキンとキャベツのレモンバター鍋……121
チキンのさっぱりしょうがじょうゆ……36
チキンのディアボロ風……75
チキンのパパッと照り焼き……134
照りっと鶏チャーシュー……32
鶏手羽元とたっぷり野菜のサムゲタン……122
鶏肉のねぎ塩レモン焼き……74
名古屋風甘辛手羽先……75
ふっくらチキングリル……34
本格タンドリーチキン……35

豚肉

厚揚げチャンプルー……88
ケチャがらめとんテキ……76
自家製チャーシュー……38
にらの豚肉ロール……76
豚肉とおさつの甘辛じょうゆ……77
豚肉のガーリックパン粉焼き……43
豚バラと青梗菜のごま豆乳鍋……121
豚バラとレタスのレンチンロール……40
豚バラのこっくり角煮……41
豚バラのポン酢チャーハン……136
ポークタッカルビ……77
ポークピカタ……42

牛肉

王道プルコギ……78
カラフル野菜の肉巻き……44
牛肉とごぼうのしぐれ煮……79
牛肉とごぼうの炊き込みご飯……135
牛肉と豆苗のにんにく炒め……78
こくウマチャプチェ……79
しみじみ肉じゃが……47
たっぷり野菜のクッパ……135
レンジローストビーフ……46

ひき肉

▶合いびき肉

型いらずミートローフ……51
スコップメンチカツ……48
本格チリコンカン……67
もちもちれんこんバーグ……81

▶鶏ひき肉

アスパラ1本つくね焼き……81
鶏そぼろと大根のうま煮……50
なめらか茶碗蒸し……62
ふんわり豆腐バーグ……89

▶豚ひき肉

包まないギョーザ……80
なす入り豚そぼろ……80
みそケチャ麻婆豆腐……64

肉の加工品

▶ウインナソーセージ

ウインナのパエリア風……126
ジャーマン里いも……44
たっぷり野菜オムレツ……54

▶サラダチキン

切り干し大根とサラダチキンのサンドイッチ……91

▶生ハム

ほうれん草と生ハムのチーズサラダ……108

▶ベーコン

アボカドグラタン……35
型いらずミートローフ……51
キャベツとベーコンのカレー炒め……50
キャベツとベーコンの巣ごもり卵……63
具だくさんミネストローネ……46
じゃことベーコンの菜っぱめし……127
なすのミルフィーユ……67
ブロッコリーの卵炒め……87
まいたけのベーコンの粒マスタードあえ……106

▶焼き鶏缶

パパッと親子丼……70
焼き鶏缶と大根のうま煮……68

▶焼き豚

炒めない焼きめし……129

▶ロースハム

白菜とハムの豆乳スープ……64
豆もやしとハムのごまマヨネーズ……111

魚介

▶あさり（殻つき）

あさりのごちそう酒蒸し……58

▶いか

いかと青梗菜のペペロンチーニ……85

▶えび

えびとかにかまチーズ春巻き……84
ガーリックシュリンプ……84
ごちそうえびカツ……83
ボリュームえびチリ……59

▶カキ

カキと白菜のピリ辛チゲ……122

▶鮭

サーモンとしめじのマヨポン炒め……136
サーモンのごまマヨ焼き……54
サーモンのハーブチーズグリル……55
鮭としめじの炊き込み……126
鮭のちゃんちゃん焼き……83

▶さば

フライパンさばみそ……82

▶さんま

さんまのにんにくパン粉焼き……56

▶鯛

レンジでアクアパッツァ……52

▶ たら

イタリアントマト鍋……120

たらのポワレ トマトソース……82

▶ ぶり

味しみぶり大根……57

▶ 帆立貝柱

帆立とアスパラのバターじょうゆ……85

▶ まぐろ（赤身）

まぐろとアボカドのユッケ……134

魚介の加工品

▶ アンチョビ缶

アンチョビときのこのペースト……69

アンチョビポテト……119

温野菜のバーニャカウダ……137

キャベツのアンチョビソテー……52

切り干し大根のアンチョビオイル漬け……90

▶ かに缶

本格もちもち中華おこわ……71

▶ かに風味かまぼこ

えびとかにかまチーズ春巻き……84

かにかま入りチャイニーズ卵焼き……86

▶ かまぼこ

なめらか茶碗蒸し……62

▶ 辛子明太子

かぶの明太子炒め……47

こくウマタラモ……119

ひじきの明太子バター……92

明太子と小松菜のご飯……128

もやしの明太子あえ……111

▶ さきいか

小松菜とさきいかのサラダ……109

▶ 桜えび

小松菜の桜えびあえ……108

たくあんのちらしずし……129

ツナ缶とキャベツの豆乳スパゲッティ……71

春雨のタイ風サラダ……94

大根と桜えびの塩昆布あえ……115

ミックスビーンズのエスニックサラダ……69

▶ 鮭フレーク

トマトのしょうゆガーリック……98

▶ さば缶

さば缶と梅干しの炊き込みご飯……70

▶ スモークサーモン

ほうれん草とサーモンのキッシュ……61

▶ ちくわ

なすとちくわのオイスター炒め……59

ピーマンの和サラダ……102

▶ ちりめんじゃこ

かぶのじゃこサラダ……114

キャベツとじゃこのごま油あえ……96

きゅうりのじゃこサラダ……105

じゃこと青じその厚揚げピザ……66

じゃことベーコンの菜っぱめし……127

豚バラのポン酢チャーハン……136

▶ ツナ缶

かぶの明太子炒め……46

キャベツとツナのみそあえ……97

切り干し大根のツナ玉がらめ……91

しめじとツナのウマこくあえ……107

ツナ缶コールスロー……68

ツナ缶とキャベツの豆乳スパゲッティ……71

ツナとコーンの炊き込み……125

ツナと塩昆布のバタめし……127

パプリカとツナのおかかマヨ……103

やみつきツナピー……57

▶ はんぺん

ごちそうえびカツ……83

▶ 帆立缶

本格もちもち中華おこわ……71

▶ むきあさり缶

レンジでアクアパッツァ……52

卵

厚揚げチャンプルー……88

炒めない焼きめし……129

えのきとパプリカのふんわり卵……87

かにかま入りチャイニーズ卵焼き……86

キャベツとベーコンの巣ごもり卵……63

切り干し大根のツナ玉がらめ……91

たっぷり野菜オムレツ……54

なめらか茶碗蒸し……62

パパッと親子丼……70

ブロッコリーの卵炒め……87

ポークピカタ……42

ほうれん草とサーモンのキッシュ……60

ポテト入りボリュームオムレツ……86

レーズン入り蒸しパン……130

大豆食品

▶ 厚揚げ

あさりのごちそう酒蒸し……58

厚揚げチャンプルー……88

厚揚げとなすのオイスター炒め……88

じゃこと青じその厚揚げピザ……66

▶ 高野豆腐

揚げ高野豆腐のハニーマスタード……93

高野豆腐の角煮……93

▶ 豆乳

ツナ缶とキャベツの豆乳スパゲッティ……71

白菜とハムの豆乳スープ……64

豚バラと青梗菜のごま豆乳鍋……121

▶ 蒸し大豆

カンタン五目豆……36

具だくさんミネストローネ……46

ポテトソイビーンズフライ……89

材料別さくいん

▶ 蒸しミックスビーンズ
キャベツとビーンズのサラダ……96
本格チリコンカン……67
ミックスビーンズのエスニックサラダ……69

▶ 木綿豆腐
カキと白菜のピリ辛チゲ……122
トマト入りサンラータン……38
ひじきのふわふわがんもどき……92
ふんわり豆腐バーグ……89
みそケチャ麻婆豆腐……64

乳製品

▶ 牛乳
たっぷり野菜オムレツ……54
濃厚パンナコッタ……133
フルーツヨーグルトアイス……130
レーズン入り蒸しパン……130

▶ クリームチーズ
さつまいものクリチーがらめ……118

▶ 粉チーズ
サーモンのごまマヨ焼き……54
サーモンのハーブチーズグリル……55
なすとトマトの重ね焼き……48
パンプキンチーズ……43
ポークピカタ……42
ほうれん草と生ハムのチーズサラダ……108

▶ スライスチーズ
えびとかにかまチーズ春巻き……84

▶ 生クリーム
濃厚パンナコッタ……133
フルーツヨーグルトムース……72
ほうれん草とサーモンのキッシュ……60

▶ ピザ用チーズ
アボカドグラタン……35
イタリアントマト鍋……120
じゃこと青じその厚揚げピザ……66
ポークタッカルビ……77
れんこんのかりかりチーズ……56

▶ ヨーグルト
フルーツヨーグルトアイス……130
フルーツヨーグルトムース……72
本格タンドリーチキン……35

野菜

▶ 青じそ
えびとかにかまチーズ春巻き……84
ささ身の梅しそロール……37
じゃこと青じその厚揚げピザ……66
ふんわり豆腐バーグ……89

▶ 枝豆
香ばし枝豆……34

▶ かぶ
温野菜のバーニャカウダ……137
かぶの赤しそあえ……114
かぶのじゃこサラダ……114
かぶの明太子炒め……47

▶ かぼちゃ
パンプキンチーズ……43

▶ カリフラワー
カリフラワーのカレーマヨあえ……112
カリフラワーの粒マスタードサラダ……112

▶ キャベツ
キャベツとじゃこのごま油あえ……96
キャベツとツナのみそあえ……97
キャベツとビーンズのサラダ……96
キャベツとベーコンのカレー炒め……50
キャベツとベーコンの巣ごもり卵……63
キャベツのアンチョビソテー……52
キャベツの塩昆布あえ……97
具だくさんミネストローネ……46
鮭のちゃんちゃん焼き……83
スコップメンチカツ……48
チキンとキャベツのモンバター鍋……121
包まないギョーザ……80
ツナ缶コールスロー……68
ツナ缶とキャベツの豆乳スパゲッティ……71
ポークタッカルビ……77
紫キャベツのマリネ……97

▶ きゅうり
かりかりオイキムチ……105
きゅうりのじゃこサラダ……105
切り干し大根ときゅうりの塩昆布あえ……90
コリアンサラダ……109
たたききゅうりのラー油あえ……105

▶ グリーンアスパラガス
アスパラ1本つくね焼き……81
アスパラとトマトのガーリックオイル……66
帆立とアスパラのバターじょうゆ……85

▶ ゴーヤー
厚揚げチャンプルー……88

▶ ごぼう
牛肉とごぼうのしぐれ煮……79
牛肉とごぼうの炊き込みご飯……135
ごぼうのこっくりごまみそあえ……116
ごぼうのデリ風和サラダ……116
定番きんぴら……62

▶ 小松菜
小松菜とさきいかのサラダ……109
小松菜の桜えびあえ……108
なめらか茶碗蒸し……62
明太子と小松菜のご飯……128

▶ サニーレタス、レタス
切り干し大根とサラダチキンのサンドイッチ……91
コリアンサラダ……109
豚バラとレタスのレンチンロール……40

▶ さやいんげん
型いらずミートローフ……51
カラフル野菜の肉巻き……44

▶ しょうが
自家製ジンジャーエール……133

▶ ズッキーニ
パプリカとズッキーニのピクルス……103

▶ セロリ
温野菜のバーニャカウダ……137
にんじんとセロリの2色きんぴら……100

▶ 大根、大根の葉

味しみぶり大根……57
究極なめこおろし……107
じゃことベーコンの菜っぱめし……127
スピードカクテキ……115
大根と桜えびの塩昆布あえ……115
大根の酢じょうゆあえ……115
鶏そぼろと大根のうま煮……50
鶏手羽元とたっぷり野菜のサムゲタン……122
焼き鶏缶と大根のうま煮……68

▶ 玉ねぎ

鮮やかチキンピラフ……124
王道プルコギ……78
型いらずミートローフ……51
具だくさんミネストローネ……46
こくウマチャプチェ……79
鮭のちゃんちゃん焼き……83
しみじみ肉じゃが……47
ジャーマン里いも……44
スコップメンチカツ……48
たっぷり野菜オムレツ……54
チキンのディアボロ風……75
トマトと玉ねぎの香りサラダ……98
ポークタッカルビ……77
ほうれん草とサーモンのキッシュ……61
ポテト入りボリュームオムレツ……86
本格チリコンカン……67
みそケチャ麻婆豆腐……64
ミックスビーンズのエスニックサラダ……69
もちもちれんこんバーグ……81

▶ 青梗菜

いかと青梗菜のペペロンチーニ……85
青梗菜のザーサイあえ……109
豚バラと青梗菜のごま豆乳鍋……121

▶ 豆苗

牛肉と豆苗のにんにく炒め……78

▶ トマト、ミニトマト

アスパラとトマトのガーリックオイル……66
イタリアントマト鍋……120
ウインナのパエリア風……126
切り干し大根とサラダチキンのサンドイッチ……91
たらのポワレ トマトソース……82
トマト入りサンラータン……38
トマトとアボカドのシンプルサラダ……99
トマトと玉ねぎの香りサラダ……98
トマトのしょうゆガーリック……98
トマトの中華風長ねぎあえ……99
なすとトマトの重ね焼き……48
マッシュルームのトマト煮……32
ミニトマトのハニーマリネ……99
レンジでアクアパッツァ……52

▶ 長ねぎ

アスパラ1本つくね焼き……81
炒めない焼きめし……129
チキンとキャベツのレモンバター鍋……121
チキンのさっぱりしょうがじょうゆ……36
チキンのパパッと照り焼き……134
トマトの中華風長ねぎあえ……99
鶏肉のねぎ塩レモン焼き……74
豚バラのポン酢チャーハン……136
ふんわり豆腐バーグ……89
ボリュームえびチリ……59
わかめと長ねぎのぬた……94

▶ なす

厚揚げとなすのオイスター炒め……88
なす入り豚そぼろ……80
なすとちくわのオイスター炒め……59
なすとトマトの重ね焼き……48
なすのカンタン浅漬け……104
なすのとろとろ煮……37
なすのミルフィーユ……67
ピリ辛なすナムル……104

▶ にら

包まないギョーザ……80
にらの豚肉ロール……76

▶ にんじん

鮮やかチキンピラフ……124
温野菜のバーニャカウダ……137
型いらずミートローフ……51
カリフラワーの粒マスタードサラダ……112
カンタン五目豆……36
キャロットラペ……101
こくウマチャプチェ……79
ごぼうのデリ風和サラダ……116
小松菜とさきいかのサラダ……109
しみじみ肉じゃが……47
たっぷり野菜のクッパ……135
定番きんぴら……62
にんじんとくるみのこくマヨサラダ……100
にんじんとセロリの2色きんぴら……100
にんじんの柿なます……101
にんじんのごま油ガーリック……101
ひじきのふわふわがんもどき……92
本格チリコンカン……67

▶ 白菜

カキと白菜のピリ辛チゲ……122
白菜とハムの豆乳スープ……64
白菜と春雨のみそ炒め……41

▶ パクチー

パプリカのエスニックサラダ……103
春雨のタイ風サラダ……94
ミックスビーンズのエスニックサラダ……69

▶ パプリカ

ウインナのパエリア風……126
えのきとパプリカのふんわり卵……87
カラフル野菜の肉巻き……44
パプリカとズッキーニのピクルス……103
パプリカとツナのおかかマヨ……103
パプリカのエスニックサラダ……103

▶ ピーマン

王道プルコギ……78
こくウマチャプチェ……79
たっぷり野菜オムレツ……54
ピーマンのしみじみおひたし……102
ピーマンの和サラダ……102
やみつきツナピー……57

材料別さくいん

▶ブロッコリー
イタリアントマト鍋……120
ブロッコリーのおかかマヨ……113
ブロッコリーの卵炒め……87
ブロッコリーののり酢あえ……113
ブロッコリーのハーブマリネ……113
ボリュームえびチリ……59

▶ほうれん草
ほうれん草とサーモンのキッシュ……60
ほうれん草と生ハムのチーズサラダ……108

▶豆もやし、もやし
たっぷり野菜のクッパ……135
豆もやしとハムのごまマヨネーズ……111
豆もやしのコチュジャンあえ……111
もやしの梅おかかあえ……110
もやしののりポン酢あえ……110
もやしの明太子あえ……111

▶水菜
鶏手羽元とたっぷり野菜のサムゲタン……122

▶れんこん
カンタン五目豆……36
スティックれんこんの塩バター……117
もちもちれんこんバーグ……81
れんこんのかりかりチーズ……56
れんこんのめんつゆきんぴら……117
れんこんのゆずこしょうマリネ……117

野菜の加工品

▶いぶりがっこ
大人のポテサラ……119

▶切り干し大根
切り干し大根ときゅうりの塩昆布あえ……90
切り干し大根とサラダチキンのサンドイッチ……91
切り干し大根のアンチョビオイル漬け……90
切り干し大根のツナ玉がらめ……91

▶コーン缶（ホール）
ツナ缶コールスロー……68
ツナとコーンの炊き込み……125

▶ザーサイ
青梗菜のザーサイあえ……109

▶しそふりかけ
かぶの赤しそあえ……114

▶たくあん
たくあんのちらしずし……129

▶たけのこの水煮
あさりのごちそう酒蒸し……58
トマト入りサンラータン……38

▶トマト缶（カット）
イタリアントマト鍋……120
ウインナのパエリア風……126
本格チリコンカン……67

▶トマトジュース
具だくさんミネストローネ……46

▶白菜キムチ
カキと白菜のピリ辛チゲ……122

▶ゆでぎんなん
なめらか茶碗蒸し……62
本格もちもち中華おこわ……71

いも類

▶さつまいも
さつまいもの甘じょっぱ煮……63
さつまいものクリチーがらめ……118
さつまいものデパ地下サラダ……118
塩いもけんぴ……132
豚肉とおさつの甘辛じょうゆ……77

▶里いも
里いものほっくり煮……40
ジャーマン里いも……44

▶じゃがいも
アコーデオンポテト……55
アンチョビポテト……119
大人のポテサラ……119
こくウマタラモ……119
しみじみ肉じゃが……47
じゃがバタみそご飯……124
スパイシーフライドポテト……51
ポテト入りボリュームオムレツ……86
ポテトソイビーンズフライ……89

きのこ、きのこの加工品

▶えのきだけ
えのきとパプリカのふんわり卵……87
きのこのおかかつくだ煮……58

▶エリンギ
アンチョビときのこのペースト……69
いろいろきのこのナムル……106
きのこのバターじょうゆ……60
みそケチャ麻婆豆腐……64

▶しめじ
いろいろきのこのナムル……106
王道プルコギ……78
きのこのおかかつくだ煮……58
サーモンとしめじのマヨポン炒め……136
鮭としめじの炊き込み……126
鮭のちゃんちゃん焼き……83
しめじとツナのウマこくあえ……107
豚バラと青梗菜のごま豆乳鍋……121

▶生しいたけ
いろいろきのこのナムル……106
きのこのアヒージョ……42
きのこのおかかつくだ煮……58

▶なめこ
究極なめこおろし……107

▶なめたけ
なめたけと梅肉のご飯……128

▶まいたけ
アンチョビときのこのペースト……69
きのこのアヒージョ……42
きのこのバターじょうゆ……60
まいたけとベーコンの粒マスタードあえ……106

▶ マッシュルーム
きのこのアヒージョ……42
マッシュルームのオリーブ油漬け……107
マッシュルームのトマト煮……32

海藻、海藻の加工品

▶ 塩昆布
キャベツの塩昆布あえ……97
切り干し大根ときゅうりの塩昆布あえ……90
大根と桜えびの塩昆布あえ……115
ツナと塩昆布のバタめし……127

▶ ひじき（乾燥）
ひじきのふわふわがんもどき……92
ひじきの明太子バター……92

▶ 焼きのり
コリアンサラダ……109
ブロッコリーののり酢あえ……113
もやしののりポン酢あえ……110

▶ わかめ
わかめと長ねぎのぬた……94

果実、果実の加工品

▶ アボカド
アボカドグラタン……35
トマトとアボカドのシンプルサラダ……99
まぐろとアボカドのユッケ……134

▶ 梅干し
ささ身の梅しそロール……37
さば缶と梅干しの炊き込みご飯……70
なめたけと梅肉のご飯……128
もやしの梅おかかあえ……110

▶ 柿
にんじんの柿なます……101

▶ ココナッツミルク
マンゴーシャーベット……131

▶ マンゴーピューレ
マンゴーシャーベット……131

▶ ミックスフルーツ缶
フルーツヨーグルトアイス……130
フルーツヨーグルトムース……72

▶ りんご
りんごのコンポート……132

▶ レーズン
キャロットラペ……101
さつまいものデパ地下サラダ……118
レーズン入り蒸しパン……130

▶ レモン
チキンとキャベツのレモンバター鍋……121
鶏肉のねぎ塩レモン焼き……74

種実

▶ カシューナッツ
パプリカのエスニックサラダ……103

▶ くるみ
にんじんとくるみのこくマヨサラダ……100

▶ ご飯
鮮やかチキンピラフ……124
炒めないやきめし……129
ウインナのパエリア風……126
牛肉とごぼうの炊き込みご飯……135
鮭としめじの炊き込み……126
さば缶と梅干しの炊き込みご飯……70
じゃがバタみそご飯……124
じゃことベーコンの菜っぱめし……127
炊飯器でカオマンガイ……125
たくあんのちらしずし……129
たっぷり野菜のクッパ……135
ツナとコーンの炊き込み……125
ツナと塩昆布のバタめし……127
なめたけと梅肉のご飯……128
パパッと親子丼……70
豚バラのポン酢チャーハン……136
本格もちもち中華おこわ……71
明太子と小松菜のご飯……128

そのほか

▶ ギョーザの皮
包まないギョーザ……80

▶ 紅茶の葉
紅茶のさくさくクッキー……131

▶ こんにゃく
カンタン五目豆……36

▶ 食パン（サンドイッチ用）
切り干し大根とサラダチキンのサンドイッチ……91

▶ スパゲッティ
入れるだけペペロンチーノ……137
ツナ缶とキャベツの豆乳スパゲッティ……71

▶ 春雨
こくウマチャプチェ……79
白菜と春雨のみそ炒め……41
春雨のタイ風サラダ……94

▶ 春巻きの皮
えびとかにかまチーズ春巻き……84

▶ ゆであずき缶
白玉ぜんざい……72

著者／大西綾美

料理家、管理栄養士。少人数制の料理教室「Cherie cooking salon」を山口県、東京都で主宰。県の内外からレッスンに通うほど、料理初心者や若い主婦にも大人気。料理の時短ワザや盛りつけ、おいしさには定評がある。今後はさらなる活躍の場を広げる。

cherie_cooking_salon

撮影／南雲保夫

スタイリング／宮沢ゆか

イラスト／児島衣里

デザイン／mogmog Inc.

料理アシスタント／吉村佳奈子
小林たえ
山本由里子
山田勝茂
朝倉知世
松岡裕里子
楠本睦実
風間幸代
増田陽子
能登夕姫乃
海野来花

撮影協力／パナソニック株式会社
株式会社Smile meal

企画・編集／園田聖絵（FOODS FREAKS）

1時間で10品 超時短つくりおき

2020年5月1日発行　第1版

著　者　大西綾美
発行者　若松和紀
発行所　株式会社 西東社
〒113-0034　東京都文京区湯島2-3-13
http://www.seitosha.co.jp/
営業　03-5800-3120
編集　03-5800-3121〔お問い合わせ用〕
※本書に記載のない内容のご質問や著者等の連絡先につきましては、お答えできかねます。

ISBN 978-4-7916-2960-2